聖境之書 4

聖境新世界

體現生命願景的奧祕覺知

詹姆士·雷德非——著

李永平——譯

THE CELESTINE VISION

BY

JAMES REDFIELD

【專文推薦】

變與不變

安一心（華人網路心靈電台共同創辦人）

自我提升是一個持續不斷的過程，沒有終點。過程中不會一帆風順，不管是外在的環境瞬息萬變，或者是內在自我的懷疑失落，往往會先後或同時出現，來挑戰我們。

本書回顧人類心靈與意識覺醒的歷程，點醒著我們，在人生中所經歷的每一個困難和挫折，就是讓我們進一步提升的時刻。這時候，要相信當下就是最好的安排，打開並回到最初的自已，享受再一次覺醒的機會並超越。

未知的狀態永遠存在，閱讀了這本書將能掌握關鍵，意識也跟隨著提升，能接受更高層次的人生經驗，讓幸福頻率綿綿不絕、一直存在。

【專文推薦】

一部受到天啟的靈性經典

周介偉（「光中心」創辦人／全民新意識分享者）

這真的是一部人類靈性發展的預言書！

在二十多年前（一九九六年），我首次讀到了本書中文版（遠流出版），當時只覺得此系列四書中的各境界神奇而有趣：從巧遇、能量爭奪、靈性直覺、人間天堂、身後世、出生憧憬、世界憧憬、祈禱能場到回歸神性。

二十多年後，驀然回首，自己從業餘愛好者變成專業心靈工作者的過程中，正好體悟見證了書中所述的各階段現象，都一一在人類世界中呈現：人類意識隨著地球能量持續多元省思而覺醒提升，整個物質世界宇宙皆是能量，人的精華本質是精神！

書中各種神祕現象則隨著量子力學的發展普及，得到了有力的科學佐證。

這絕對是一部受到天啟的靈性經典，推薦各位一讀！

【專文推薦】

共時性的教戰守則

彭芷雯（心靈作家）

十多年前，我離開了繁華若夢的金融圈，開始進入內在道路的追尋，《聖境預言書》曾是我的啟蒙書之一。怎麼也沒想到，後來就如書中的「預言」一樣，在共時性的機緣洪流引導下，去了馬雅、祕魯，在一個個外在的聖地得到啟發，進入一層又一層的內在聖境。走在內在道路上多年之後重看此書，竟然迸生更多的共鳴，讓我不禁讚嘆：「經典就是經典！」

每個人的人生都是一場追尋之旅，在過程中有許多的挑戰、困難與誘惑，有許多不知如何選擇的徬徨時刻。若能有張全像地圖，明確指引我們如何掌握生命之流，走出迷霧，這趟旅程不就能更輕鬆自在？在《聖境預言書》、《靈界大覺悟》、《聖境香格里拉》中的每個角色，彷若我們自身與生活周遭的人；裡面所描述的內外在過程，就是我們生活中時常遇見的課題，而一個個覺悟正是我們在這大千世界裡，如何泰然自若的般若心法！作者在《聖境新世界》裡，爬梳了系列書中提過的重要覺悟、啟發與應用，讓讀者能夠再次完整統合。

如果想活出最高版本的人生，【聖境之書】系列絕對是你必備的教戰守則！

【初版專文推薦】

宇宙間沒有意外

王季慶（中華新時代協會創辦人）

獲邀為《聖境新世界》作序，這本身便含藏著不少的「機緣」和「訊息」。為了慎重其事，除了細讀本書外，我又好好重讀一遍《聖境預言書》。領我進入「新心靈覺知」的賽斯在一九七二年便說過：「宇宙間沒有意外，就算是在你所謂的人世生活中也一樣沒有意外。」這句話有如當頭棒喝，將喜歡怨天尤人的我，帶入探索內在心靈的門奧。

這些年來，在此領域中，大家對「沒有意外」、「機緣巧合」及「有意義的同步事件（synchronicity）都有愈來愈多的體驗。其中《聖境預言書》有其不可取代的地位。

早在它的英文版問世時，我便讀過，並且推薦給我熟悉的出版社，但陰錯陽差，中文翻譯權卻被遠流取得，並且為他們開發《新心靈》叢書打頭陣，一炮而紅。返國後，「碰巧」帶領「賽斯讀書會」的友人語重心長地提出賽斯《未知的實相》最後的幾句話：「若你不認識你自己，你就不認識你的世界……若你不認識自己，你就不認識上帝，若你不認識你自己，你就不認識大自然。」賽斯的意思是，「未知的實相」並非外在物理的或歷史的世界，乃是我們內在玄祕的世界。

友人說，我們每個人往往都活在事件的表面，沒進入其內裡。生活沒有了「厚度」。

若我們看世事仍沒改舊觀念，以為「事情發生到我們身上」，而非「我們由內而外地創造自己的實相」；沒認知到我們可以有意識地選擇，我們其實一直不斷地在創造日常生活中大大小小的事；那麼，內心深處便會產生無助和焦慮感，並且深陷於負面的連鎖反應而不克自拔。

讀了很多有關心靈覺醒的書，在理性和思想面上，我們對那些極有益的概念通常有相當的了解，但如何落實在感性和生活面上？《聖境新世界》將是相當有價值的「訊息」！

當我第一次讀《聖境預言書》的原著時，便深深為雷德非的巧思和文采傾倒。他將一些靈性追求上的重要洞見（insight，又譯為覺悟）織成一部緊張懸疑、絲絲入扣的冒險小說。無疑的，那是新時代性靈之旅的代表作，將雷德非推上了暢銷作家之列。

相信《聖境預言書》吸引了許許多多的讀者，令他們有緣一窺新時代思想的內面，在興致盎然的閱讀和思索之間，不知不覺吸收了一些重要訊息。事實上，那是雷德非歷經十餘年為情感受創的青少年做心理輔導，以及他自己在性靈上不斷閱讀、反思、吸收和經驗的珍貴結晶。

《聖境預言書》偵探小說似的情節鋪排，固然引人入勝，但是，我猜，多數讀者並沒真正認真的去進一步按照他所提出的「方法」，獲得自己的體驗；另一些讀者則可能走另一極端，迷信他所說的手稿的「覺悟」為確有其事，而非他自己由心靈中凝煉出來的精華洞見，只不過是以寓言和預言的形式來表現。

到了這一本《聖境新世界》，雷德非便不再隱身於寓言之後，而將他多年努力的修為成果直接呈現給大家。與前書相比，或許有點「反高潮」的效果，但就我自己來看，這種方式反而是十分易於接受，並且有其優點在的。

此書先由人類歷史、哲學和科學的背景說起，漸漸切入近數十年來在物理學和心靈學上的突破及其意義，再聚焦於童年家庭演出的「控制戲」，令我們對自己人格和習性的形成有更深切的了悟，從而能由不斷重演的「控制戲」中跳脫出來，真正踏上心靈進化之旅。

這一部分最令我感到興趣，因為正如他說的：「儘管我們花了很多年功夫，一再分析自己的內心，但每回遭逢巨大的精神壓力，或感到不安全時，以往的恐懼、懼怒和各種激烈的反應，又會重新浮現。」在自己的切身經驗及輔導別人的經驗中，我們都會發現這種我們戲稱為「破功」的現象，也就是新的心靈覺知無法在日常生活中實踐。

作者點破了個中原因，讓我們觀察自己的角色扮演，在「認識自己」之後，再問：「事件的意義何在？捎來什麼樣的訊息？」從而體認到「機緣」之無所不在。我們要做的，是改變舊的信念，去掉老的「自我防禦」的習性，打開自己的心，培養心靈的敏感度，進一步體察到宇宙的至理；我們都是一體的！

人類最大的恐懼來自與本源的切斷之感，我們未看到內在的聯繫，因此懷抱著無限的孤獨。作者一直強調的新心靈覺知就是：覺察「神」的力量在我們生活中運作的方式，以及人類與宇宙力量之間的關聯。

宇宙是由「能」組成的，「能」也就是愛、活力、元氣。人若想覺察這種「能」的存在，就必須加強對「美」的感受力。作者在第三項覺悟中說，「美感意識」像個測量器，告訴我們距離「能」的存在還有多遠。美的認知是學習觀察能場的不二法門。

在舊的物質宇宙觀影響下，人類深深恐懼生命的無常，根深柢固的不安全感，促使人彼此搶奪人與人之間的「能」。第三項覺悟告訴我們：玄祕意識將被接受為一種可以實踐的新的生存方式。人類可以從其他來源取得我們所需要的能。你在欣賞一件東西的美時，你便接受它的能。愈是欣賞別人，愈是付出我們的愛，流入我們體內的能也就愈多。在這種有意識地建立起來的人際關係中，每個人都幫助別人發掘他們的優點，發揮他們的長處，而不是想凌駕在他人之上。

作者以非常平易近人的說法，帶領我們一瞥人世間的「真、善、美」。他說，要在日常發生的所有事件中，尋找光明的、充滿希望的一面。因為，消極的念頭一在你心中浮起，機緣便會立刻中斷。我們個人面對的挑戰，是沒法克服現存文化對我們的操控和影響——它使我們誤以為，人生是平凡、單調，不帶絲毫神祕色彩的。

現代人的一個大問號，就是人生的意義何在？如果我們頑固地堅持住物質和機械的宇宙觀，則人生如蟻螻，的確沒有意義。

但，正如雷德非帶給我們的訊息：將愛的能量傳送給別人，我們自己就會變成一條管道，吸納來自上天的神聖能源。那種玄祕體驗是我們每個人都得以品嘗的！

【初版專文推薦】

回歸神聖的能源

王靜蓉（心靈治療師）

每個意念都是一場祈禱。——詹姆士・雷德菲

時序進入了一九九九年，敏感的人都感覺到內外的轉變愈來愈快速了。

我對行星能量研悉得少，但從切身經驗與周旁真實發生，是知道在一九九九年八月行星與恆星排列成十字架狀所形成的能量，將為地球上的所有靈魂帶來強烈衝擊。

高靈歐林就將這訊息如此傳來：「目前來到地球層面的光能比以往來得強烈，地球正在改變它的兩極磁性，你們正存在一個地球活動增生的時代。我們沒看到全球性的地球大變動，倒是看到一些連續不斷的變動：諸如氣候模式的改變、火山爆發、地震等等。某些地區所發生的變動是要來覺醒人們的，宇宙是友善的，你們都是它的兒女。」「行星與恆星排列成直線的稀有現象，你們業已經歷過數回，而即將來臨的此類現象將為人類和地球帶來能量，打開你們通往較高意識的門戶……。」

是的，這一、兩年，在我的生活裡一切都在快速地轉換，事件是訊息，讓我讀到能量層面的象徵意義；透過外在的發生和挑戰，我的身體能量容器不斷在擴張，意識自然

也在不斷轉換中，有時我感慨：「速度實在太快了。」使我來不及準備，使我只得更加信任與臣服，更需縮小自我，在存在裡休息。

你的出生憧憬是什麼？

這樣的意識轉換到了今年五、六月時更為明顯，包括我個人生命裡發生了能量豐沛的振動，我的家人、朋友、個案和學生們也都面臨挑戰——因為從事靈性療癒的工作，吸引了許多想要步入心靈覺醒的人，他們信任地在我的工作室與我談及生命中的困難和惶惑，並在持續的探索中，容顏釋去沉重，轉為清亮明晰，我看見了人們已在經歷持續的意識轉化，許多台灣人已向心靈覺醒運動歸隊。

在台灣，這股回歸神聖能源的潮流密集而強烈，人們以各自獨特的方式經驗了在親密關係、家庭、工作、健康、價值感與內在能量重整的種種事件；事件是表象，內在意義則是：舊有的意識狀態不管用了，須往更高、更光明的意識體驗走去！

這時候，二元對立的判斷、價值觀已不管用，外在知識已不管用，知識必須融為真實的體驗，在事件中觀照信念模式、靜心，給出愛；必須變得更信任、更勇敢、願意為擁抱新事物而冒險。

若不在這能量的轉化流裡向前邁步，個人生命將會顯得困難重重，或整個被卡住了。我想，這也就是這麼多來自不同國家的新時代訊息傳達者如詹姆士・雷德非費心耕耘的原因。繼《聖境預言書》、《靈界大覺悟》兩本全球矚目的文字訊息後，詹姆士又寫下《聖境新世界》，以他一往如舊的體貼周到與讀者詳述心靈覺醒的重要性。

他所做的、所寫的正就是他說的「出生憧憬」與「世界憧憬」，在《聖境新世界》中他再度給出他的天賦禮物，鉅細靡遺地就歷史層面、文化層面等理性面切入，引領讀者來到靈性層面的接受和了解。

如前二書一般，他提醒我們要「放掉控制戲」、放下「乞憐者、冷漠者、審問者、脅迫者」的角色扮演，放下做作的假我，「回歸內在神聖的能源」。

他說：「只有神聖能源可以依賴。」我則想修正：「神聖能源可以回歸，無需依賴。」因為一旦觸及神聖能源，你就已經驗與大我合一的甘美和感激，只是這甘美芬芳會因我們的迷惘而再度失去，我們得透過自我成長再度連結回來。迷途、回歸、迷途、回歸，這個持續轉化的路就是身為宇宙人子、具有有限肉身體的人子的「完美」學習路。我們毋需苛責自己非要住在永恒的殿堂裡不可，我們早已住在那裡，我們從那裡來，只是當靈魂穿上肉體的衣裳，老愛玩些遊戲，愛在光亮與黑暗中穿梭不息。

就如詹姆士所稱，看看你的「出生憧憬」是什麼？看看你的「世界憧憬」是什麼，想想人格依約來到此生要學習靈魂安排的哪些功課呢？這一世你願意做好這些功課，還是想叛逆這些功課，待來世難上加難再做呢？在你心裡總是知道答案的。

信任「能」與「美」

我喜愛詹姆士在《聖境預言書》說：「要感覺能的存在，就需加強對美的感受力。」

「能和美是連續在一起的，每一件東西都被能場所環繞；比如，植物的形體就純粹在美之中，其周圍有能場在擴展。」所以他在每本著作裡都建議我們，當與人們接觸時：「以開朗、坦誠的態度，全心全意欣賞這個人的整體神貌。此人談話時，若仔細觀察，肯定會在他臉龐上看到真正的、高層次的自我。一旦我們開始和這個高層次自我展開對話，同時將自身的能量傳送給他，此人就會開始進入愛的知覺中，跟我們展開互動。」

這也就是用你自己的能與美連結他我的能與美，當你們在高我相會，愛與能的開展就是無限的。讓已經覺知到的人們，從內在的能與美來提攜外在的能與美，這是一個信任的過程，你信任，它便發生，它發生，你經驗，內外的能與美都更光亮了。

所以，這是一個流動的過程，在新時代，我們必需給出、接受、接受、給出，循環不已；流動使我們豐富，你將會發現內在的宇宙因此被滋養，更豐實了；你更豐實，則更能給出與接受，佔有與匱乏早已不管用了！

你就是這經驗的主人，神聖的能源在外面也在你的裡面；透過這本書的訊息，透過存在，透過人人皆有的覺知力，透過你特殊的生命故事，透過在此我所獻上的無限祝福，我知道：許多精采的轉化將發生、爆炸、突破和蛻變。在此時此刻，我們都有豐富的轉化故事，來獻給地球，為地球繞上最美的金色能場！

祝福你們，每一位讀這本書的人！

聖境新世界
The Celestine Vision

目錄

獻給堅持理想、憧憬未來的每一個人

序言

觀察一場大轉變

在新的千禧年來臨前，我們已經察覺人類的心靈意識正發生某種轉變。對眼光敏銳的人來說，轉變的徵象處處可見。民意調查顯示，美國民眾對神祕的、無法解釋的現象愈來愈感興趣。探索人類未來的學者發現，全世界都在追求心靈的滿足和意義。❶時下文化的整體表現——書籍、電視紀錄片、報紙每天刊載的新聞——全反映出民眾內心日益急切的需求和呼聲：回歸完整、高品質的生活，重新建立以社區為基礎的倫理觀念。

最重要的是，我們在自身的經驗中也可以察覺到某種轉變。我們的注意力，逐漸脫離有關性靈理論和教條的抽象論辯，轉移到更深切的一個層次：確實體驗、認知日常生活中展現的精神性靈。

每當有人問我，為什麼我的前兩部小說——《聖境預言書》和《靈界大覺悟》會那麼受讀者歡迎，我總是這樣回答：這兩本書能夠風行一時，正是因為民眾對書中描述的精神經驗感同身受。

看來，已有愈來愈多人覺察到日常生活中顯現的機緣。這些看似巧合、實則深具意義的事件，有的非常重大，攸關我們的一生，有的卻細微到幾乎察覺不出來。但不論大小，這些機緣在在向我們證明：我們並不是孤伶伶地活著；宇宙中存在著某種神祕的精神力量，時時刻刻影響我們的人生。一旦我們體驗到這種知覺所激發的精神活力和啟示，便很難再漠視它。我們開始留意機緣、期待機緣，並在更高的哲學層次上，積極探尋它的顯現所具的意義。

我把我那兩部小說稱為「冒險寓言」。透過驚險刺激的故事，試圖呈現目前正瀰漫全球的新心靈覺知。在這兩則冒險故事中，我試圖描述，隨著人類的意識日益覺醒，我們每個人都會遭逢到的機緣和啟示。我以個人的親身經驗為基礎，撰寫這兩則故事，透過生動的情節和活生生的人物，具體呈現這些啟示和機緣。

撰寫這兩部小說時，我把自己當作新聞記者或社會評論家，嘗試根據親身經歷，記錄、描繪我在當今人類精神性靈中發現的某些轉變。我認為，隨著我們的文化經歷愈來愈多的精神覺悟，這種演變會持續進行，把人類帶到更高的生存層次。「聖境」系列小說，至少還有兩部要寫，目前正在構思。

在這本書中，我採取非小說的形式，因為我覺得，身為人類，我們跟此一日益增長的心靈覺知，具有特別密切的關係。我們都察覺到它的存在，甚至曾身體力行，將它落實在日常生活中，但由於某些原因（這點留待正文中討論），我們會感到驚恐、不知所措，往往得經過一番掙扎才能恢復身心平衡。本書旨在探討如何因應這類挑戰，而我相信，關鍵在於我們是否能以開放、坦誠的態度互相交流，討論彼此的心靈經驗。

❶ 奚連特，《二〇〇〇年趨勢》（紐約，一九九七年）G. Celente, *Trends 2000*（New York: Warner, 1997）。

所幸，在這方面，我們似乎已經跨越了一個重要的里程碑。如今，愈來愈多人能夠以坦然的態度談論自身的心靈經驗，既不過度矯揉造作，也不過分在意別人的批評。懷疑論者依舊充斥我們社會，但輿論的天平似乎已經開始轉移，因此，以往那種未經思考即脫口而出的嘲諷，今天已不再那樣常聽到。過去，我們被迫把自己遭逢過的各種機緣隱藏起來，甚至刻意排斥它，因為我們擔心引起別人訕笑。而今，不過短短幾年時間，情勢已經逆轉，現在遭受質疑和責難的，反而是那些心胸過度褊狹、封閉的懷疑論者了。

輿論正在轉變。我認為，這是因為愈來愈多人察覺，這類極端的懷疑論，只不過是一種老舊的習慣——好幾個世紀以來，西方人遵奉牛頓／笛卡兒世界觀所形成的習慣。牛頓誠然是一位偉大的物理學家，但是，如同許多當代思想家所指出的，他低估了宇宙；他把宇宙簡化為一部世俗的、根據一套固定不變的機械法則運作的機器。❷而在牛頓之前，十七世紀哲學家笛卡兒就已經開始倡導這樣的觀念：關於宇宙，我們只需知道它的基本法則；宇宙的運轉，最初也許是造物主推動的，但現在它完全依靠自己的力量運作。❸自牛頓和笛卡兒之後，如果有人敢說，宇宙中存在著一股活躍的精神力量，而高層次心靈經驗並不是幻覺，這個人肯定會被當作瘋子。

從這本書中，我們會知道，自二十世紀初期起，由於愛因斯坦的影響、量子物理學的發現，以及晚近學者對祈禱和意向的研究，牛頓和笛卡兒那一套老舊的、機械式的世界觀，已經開始遭受質疑了。儘管如此，機械世界觀的偏見依舊殘留在人類意識中，受到極端懷疑論的保護。懷疑論者樹立起一道屏障，把所有玄祕的、會動搖懷疑論基本假設的高層次心靈經驗，全都阻隔在人類意識之外。

我們必須了解這究竟是如何運作的。一般來說，要體驗更高層次的心靈經驗，我們至少必須承認這類知覺是存在的。如今我們知道，我們必須擱置甚或「摒除」懷疑論，盡可能敞開心胸，接納一切精神現象，才能體驗它、感受它。誠如《聖經》所言，我們必須「伸手敲門」，才有可能發現這些心靈經驗存在。

如果我們以過度封閉、懷疑的心理面對心靈上的經驗，那麼，一旦未察覺到任何東西，我們就會因此一再誑騙自己說，所謂高層次的心靈經驗，只不過是一種迷思而已。好幾個世紀以來，我們一再摒棄這些經驗和知覺，並不是因為它不真實；真正的原因是，在那個時候，我們並不希望它是真實的。這類經驗和知覺，跟我們的世俗世界觀扞格不入。

在正文中，我們將以更翔實、更具體的細節論證，這種懷疑論之所以會在十七世紀的歐洲風行一時、主導整個思潮，乃是因為在它之前的中古世紀世界觀，充滿虛偽不實的理論、招搖撞騙的術士、把救贖當作商品販售的教會，和各種各樣的瘋狂行為。在這種情況下，凡是有腦筋、會思考的人，很自然地就會期盼一個確定的、科學的物質宇宙

❷ 赫伯特，《量子現實：超越新物理學》（紐約，一九八五年）N. Herbert, *Quantum Reality: Beyond the New Physics*（New York: Anchor/Doubleday, 1985）。

❸ 卡普拉，《轉捩點》（紐約，一九八七年）F. Capra, *Turning Point*（New York: Bantam, 1987）。

觀，把這一切亂七八糟的東西全都掃除掉。在我們周遭，我們希望看到一個可靠的、自然的世界。我們渴望擺脫一切迷信和迷思，創造一個可以安居樂業的世界，不必成天擔心陰暗的角落中會有妖魔鬼怪冒出來嚇唬我們。由於這種心理需求，很自然的，我們帶著一個過度物質主義、過分簡化的宇宙觀，進入現代世界，展開人類歷史的新頁。

這一來，不分青紅皂白，我們把好的和壞的東西全都丟掉了。現代人開始感覺到他們的生活缺乏啟示，而這種啟示只有高層次的、心靈的經驗和意義才能夠提供。連我們的宗教體制也受到衝擊。宗教神話中的神蹟，往往被簡化成一種譬喻，而我們的教會也淪為社交聚會、道德教誨或傳授知識的場所，不再引導信徒追求實際的心靈經驗。❹

然而，在這歷史的關鍵時刻，我們已開始察覺、認知人生中的機緣和其他心靈經驗，並因而能發揮心靈潛能，和真正的靈性產生連結。在某種意義上來說，這種覺知根本談不上新奇。同樣的經驗，在整個人類歷史中，不時有人體察到。在這方面，全世界的作家和藝術家留下了大量的紀錄。這些人包括：威廉．詹姆斯（William James）、榮格（Carl Jung）、梭羅（Thoreau）、愛默生（Emerson）和赫胥黎（Aldous Huxley）——他把這種知覺稱為「長青哲學」（the Perennial Philosophy），以及晚近的哲人喬治．李奧納德（George Leonard）、麥可．穆菲（Michael Murphy）、佛瑞提奧夫．卡普拉（Fritjof Capra）、瑪莉蓮．佛格森（Marilyn Ferguson）和賴瑞．杜賽（Larry Dossey）。❺

今天，這種知覺和經驗依舊源源不斷地注入人類的意識中，但規模之大、影響之深遠，卻是史無前例。愈來愈多人親身體會過這類心靈經驗，影響所及——毫不誇張地說——足以創造一個嶄新的世界觀，這個世界觀包含了舊有的物質主義，並將其延伸、轉變為更先進的東西。

我們目前面臨的社會轉變並不是一場革命——所謂革命，目的在於摧毀、重建社會結構，以一個意識形態取代另一個意識形態。今天發生在我們社會的，是一種內在的轉移：個人率先改變，人類文化體制表面看來不變，但由於體制中人對人生有了新的展望，在他們影響下，體制本身肯定會逐漸改變、恢復生機。

這場大轉變進行的過程中，一般人會留在原來的工作崗位，保有目前的家庭生活和宗教信仰，但是，隨著我們逐漸認知、吸納、整合更高層次的心靈經驗，我們對工作、家庭和宗教的看法，將會產生重大的轉變。

---

❹ 貝克，《否定死亡》（紐約，一九七三年）E. Becker, *The Denial of Death*（New York: Free Press, 1973）。

❺ 詹姆斯，《多姿多采的宗教經驗》（紐約，一九九四年）W. James, *The Varieties of Religious Experience*（New York: Random House, 1994）；榮格，《尋找靈魂的現代人》（紐約，一九五五年）C. Jung, *Modern Man in Search of a Soul*（New York: Harcourt Brace, 1955）；梭羅，《湖濱散記》（紐約，一九九四年）H. D. Thoreau, *On Walden Pond*（New York: Borders Press, 1994）；愛默生，《全集》（加州歐文市，一九九二年）R. W. Emerson, *Complete Works*（Irvine, Calif.: Reprint Services, 1992）；赫胥黎，《赫胥黎和上帝》（舊金山，一九九二年）A. Huxley, *Huxley and God*（San Francisco: HarperSan Francisco, 1992）；李奧納德，《轉變》（洛杉磯，一九八七年）G. Leonard, *The Transformation*（Los Angeles: J. P. Tarcher,1987）；卡普拉，《物理之道》（科羅拉多州圓石市，一九七六年）F. Capra, *The Tao of Physics*（Boulder, Colo.: Bantam,1976）；佛格森，《寶瓶同謀》（紐約，一九八〇年）M. Ferguson,*The Aquarion Conspiracy*（New York: J. P. Tarcher/Putnam, 1980）；杜賽，《尋回靈魂》（紐約，一九八九年）L. Dossey, *Recovering the Soul*（New York: Bantam, 1989）。

一如我在其他著作中指出的，根據我的觀察，這場覺知大轉變目前正透過某種正面、積極的社會感染力，衝擊全人類的文化。一旦有足夠的人開始身體力行，公開討論他們體驗到的新覺知，將它落實在日常生活中，其他人就能見賢思齊，了解到自己也可以將內心憑著直覺早已感受到的新覺知，轉化為外在的行動。然後，這些人會開始仿效先行者的作法，直到發現類似、甚至其他不同的經驗；早晚有一天，他們也會成為別人心目中的典範和榜樣。

這是一場促使社會演變、建立全人類共識的過程，在二十世紀僅存的這幾年中，我們都無法置身事外。由此，我們創造了一種新的生活方式，這種生活方式終究會主宰人類的新世紀和下一個千禧年。本書旨在以更直接、更坦誠的方式，探索愈來愈多人體察到的心靈經驗，檢討人類心靈覺醒的歷史，審視我們在日常生活中落實新知覺時，所可能遭遇到的各種挑戰。

我希望，這本書能夠為我在「聖境」系列頭兩部小說中傳達的訊息，提供強有力的佐證，同時，幫助讀者進一步認識——儘管我的能力有限——目前已經在形成中的新心靈覺知運動。

1 早期的直覺

根據我的觀察，我們這個時代的新心靈覺知運動，濫觴於一九五〇年代末期。那時，現代物質主義的發展已經到達頂點，人類的集體心靈開始發生微妙、深切的變化。站在數百年物質發展的巔峰，我們停下腳步，開始問自己：「接下來該怎麼走？」憑著集體直覺，我們似乎感覺到，人生中還有**更多**東西值得我們追求；只要我們努力，我們可以超越當前人類文化的局限，在生活中找到更大的滿足感。

面對這一集體直覺，我們的第一個反應當然是反躬自省；或者，更正確地說，以一種焦躁不安的批判態度，檢視我們周遭文化的制度和生活方式。誠如大量文獻所記載的，當時的美國文化以階級為導向，瀰漫著一種僵硬、呆滯的氣息。猶太人、天主教徒和婦女很難取得領導地位；黑人和其他少數族群則被徹底排除在體制之外。生活優裕的白人中產階級，陷身在精神沉淪中，以物質成就衡量人生中的一切。

人生意義既然被貶低到世俗經濟層次，人們就難免以功名利祿界定一個人的身分地位。於是，大夥兒群起效尤，競相追逐名利，以免被左鄰右舍看輕。一般人都**向外看**，以周遭那些人的看法來衡量自己，把自己弄得成天緊張兮兮、坐立不安。內心深處，我們渴望找到一個能夠釋放我們潛能的新文化和社會。

六〇年代

於是，我們開始向我們的文化要求更多東西。這種欲求產生了許多改革運動，風起雲湧，成為一九六〇年代的特徵。一場接一場的法律創制運動相繼興起，爭取種族平等和兩性平權，推動環境保護，反對那場不宣而戰、為人類帶來浩劫的越南戰爭。回顧這段歷史，我們發現，在表面的動盪和騷亂底下，六〇年代的十年，代表人類第一次集體脫離支配人類社會多年的世俗世界觀——誠如皮爾斯（Joseph Chilton Pearce）所說的，人類文化的「巨蛋出現了一道裂縫」。❻西方文化以及——在某種程度上——全人類的文明，開始試圖超越物質主義的取向，尋求人生更深邃的哲學意義。

史無前例地，愈來愈多人開始意識到，人類的知覺和經驗，可以不受物質主義的狹隘焦點所局限，人人都應該在更高的層次上生存、運作和互動。內心深處，我們依稀感覺到，我們可以設法突破精神的牢籠，掙脫心靈的桎梏，變成一個更具創造力、更活潑、更自由的人。

不幸得很，我們的第一步行動所反映的，正是六〇年代的抗爭心態。大夥兒互相指責、推諉，把帳全都算在激怒我們的那些制度上，要求徹底改革社會結構。說白一點，我們只是望望周遭的社會，然後對其他人說：「你應該改變。」這種抗爭心態固然造就了一些有益社會的、基本的司法改革，卻也漠視了更個人性的一些問題，諸如不安全感、恐懼和貪婪，而這正是形成偏見、歧視和環境災難的主因。

七〇年代

一九七〇年代來臨了，我們終於開始察覺、理解這些問題。如同下文所述，現代深層心理學的影響、融合人文精神的新療法，以及大量出現在市場上、倡導自助自立的書刊，開始滲透入我們的文化中。❼我們終於發覺，這些年來我們一直要求別人改變，卻漠視自己內心的衝突。我們開始領悟，若想找到我們追尋的更多東西，就必須把焦點從別人身上挪開，轉而瞄準自己的內心。改變世界之前，我們先得改變自己。

❻ 皮爾斯，《巨蛋的裂縫》（紐約，一九七一年）J. C. Pearce, *Crack in the Cosmic Egg*（New York: Pocket, 1971）。

❼ 布朗，《生命對死亡》（美國新罕布夏州漢諾華市，一九八五年）N. O. Brown, *Life against Death*（Hanover, N. H.: Wesleyan Univ. Press, 1985）；馬斯洛，《人性幽微》（紐約，一九九三年）A. Maslow, *Farther Reaches of Human Nature*（New York: Viking/Penguin, 1993）；《宗教、價值觀與終極經驗》（紐約，一九九四年）*Religions, Values and Peak Experiences*（New York: Viking/Penguin, 1994）。

幾乎一夕之間，人們的心態改變了——向心理治療家求助，不再是一種恥辱；積極探索自己的內在心靈，幾乎變成一種時尚。我們發覺，一如佛洛依德學派心理學家所指出的，檢視童年家庭生活，往往可以產生情感上的淨化作用，有助於我們洞察內心的焦慮，了解這些情結是在我們孩提時代的哪個階段，以何種方式產生和形成的。[8]

透過這道程序，可以釐清使我們不能積極面對人生、充分發揮潛能的各種因素。很快地，我們就發覺把焦點轉向內心，檢討、分析個人的成長經驗，對我們的身心健康很有助益且非常重要。然而到頭來，我們還是焦躁不安，彷彿有件東西沒找到似的。我們發現，儘管花了很多年一再分析自己的內心，但每回遭逢巨大精神壓力或感到不安時，以往的恐懼、惱怒和各種激烈的反應，又會大多數重新浮現。

到了七〇年代末期，我們開始體認到想追尋更多東西的直覺，光靠心理治療並不能獲得滿足。這種直覺尋求的是一種新的心靈覺知、新的自我認知，以及一種層次較高、能夠取代長久困擾我們的舊習慣和舊行為的精神經驗。我們察覺到的更完整的人生，並不僅僅是心理成長。新的心靈覺知，需要更深層的、精神上的蛻變，才能達成。

八〇和九〇年代

一九八〇年代，這份覺悟似乎把我們導引到三個不同的方向。第一個方向是回歸傳統宗教。帶著一股新的熱忱，很多美國人投入宗教中，重新詮釋《聖經》和傳統宗教儀式，對舊有的精神文化做更深層、更周密的思考，希望能找到答案，以回應、滿足這股直覺。

第二個方向是一種更廣泛、更個人的心靈追尋。在這場自我導引的追尋中，我們接觸到人類歷史中層出不窮、形形色色的玄祕心靈經驗和學說，試圖更深入、更進一步探討它們的意涵。

第三個方向是拋棄一切理想主義和心靈追求。厭倦了六〇和七〇年代的內省，很多人渴望回歸到五〇年代渾渾噩噩、醉生夢死的物質主義。在那個時代中，安逸的物質生活是人生追求的最高目標。然而，以金錢報酬來替代我們直覺所欲追求的更高人生意義，只會帶來心理壓力，迫使我們拚命賺錢。八〇年代層出不窮的儲貸醜聞和股市內線交易事件，反映的正是這種為求致富、不擇手段的物質主義。

我常把八〇年代稱為「重返美國大西部」：人心中的三股欲求——回歸物質主義、探索新的和舊的心靈文化，匯集在一起，互相激盪、競爭。如今回想起來，我們發現，這三種人其實都在追尋他們認為唾手可得的某種更多的東西。大夥兒都在搞實驗，裝腔作勢大耍花招，爭取媒體的注意，結果是讓這些運動淪落為一陣風潮和時尚，轉眼消失無蹤。到頭來，所有人都大失所望。

---

❽ 霍爾尼，《精神病與人類成長》（紐約，一九九三年）K. Horney, *Neurosis and Human Growth* (New York: W.W. Norton, 1993)。

然而，我還是認為一九八〇年代發生的那些事非常重要，尤其值得注意的是，民眾第一次對各種各樣的心靈追求產生濃厚的興趣。這是必要的一步：它促使我們唾棄唯利是圖的商業主義和宣傳花招，進入更深的層次，掃除心靈的塵埃，發掘真正重要的事物，最後它說服我們：自己在追尋的是人生態度和生活方式更深邃、更根本的轉變。

事實上，我認為，八〇年代的集體直覺傳達出一個基本訊息：不論我們探索的是傳統宗教的精神修為，抑或是歷代神祕家所描述的那種玄祕經驗，我們必須體認，察覺和討論心靈覺知是一回事，身體力行、在日常生活中落實心靈覺知，則是另外一回事。兩者之間存在著極大的差別，不能混為一談。

於是，就在九〇年代開始時，我們發現自己置身在人類歷史上一個非常重要的關口。如果我們的六〇年代直覺是正確的，如果一個比較完整、圓滿的人生是可能實現的，那麼，我們就必須超越純粹知性的思考，開始積極追尋真正的心靈經驗。於是，宣傳花招和時尚風潮消退了，而對真實經驗的追尋則持續開展。今天，我們對性靈生活的接納和討論，已經進入一個新的、落實的階段，原因在此。

探尋真正的經驗

就在這樣的文化氛圍中，《聖境預言書》、《靈界大覺悟》和其他一大批探討真正心靈覺知的書籍出版了，風行全球，廣受各地讀者歡迎。這些書籍能夠打進主流社會，就是因為它們能夠以具體的事例，呈現我們的心靈渴求；書中描述的經驗都是可能實現的。

一九六〇年代，在當時風靡全美的理想主義感召下，我進入心理諮商這一行，以個案治療師，而後是機構主管的身分，輔導情感上遭受創傷的青少年和他們的家人。如今回顧這份工作，我發覺，那些年的經驗和我日後創作「聖境」系列小說，兩者之間存在著深刻、密切的關聯。經由輔導這些童年時期曾遭受過嚴重虐待的青少年，我開始對他們必須克服的心理障礙，有更全面的了解。想要療傷止痛，他們必須展開一趟特殊的心靈之旅；在某種意義上，這個旅程必須包含超越物質世界的經驗。

童年時期遭受的虐待，使孩子們在心靈中創造出一種迫切的需求：掌控自己的生命。為了賦予人生些許意義，從而減輕焦慮，這些孩子開始在大人面前「演戲」，不時扮演兇險且具自毀傾向的角色。這種行為模式有時非常難以破除，然而，有些治療師發現，透過某些活動，諸如分享運動員的成功經驗和榮耀、群體互動、靜坐沉思，他們能夠幫助孩子做到這一點。這些活動旨在促使人提升自我、體會更高層次的經驗，以取代舊有的身分和隨之而來的反應模式。

在某種程度上，我們每個人心中都有和這些受虐兒童類似的焦慮。幸好，對大多數人來說，這份焦慮並不算十分嚴重，而我們的反應模式也不那麼極端。儘管如此，這中間牽涉到的過程和成長步驟，卻是一樣的。輔導受虐兒童那些年，我逐漸領悟到我們整個文化所遭遇的困境和煎熬。我們已察覺傳統的生活方式似乎缺少一點什麼，而內在的心靈蛻變經驗可以彌補這個缺憾；我們需要的是真正的改變——改變對自我和人生的認知，以塑造一個層次更高、更具靈性的個人身分。我試圖描述這樣的心靈旅程，造就了《聖境預言書》這部小說。

《聖境預言書》的寫作

《聖境預言書》的寫作，從一九八九年元月開始，一直進行到一九九一年四月。其間我不斷摸索、不斷嘗試，好不容易才完成這部作品。在寫作的過程中，我一面回想自己早些年經歷過的事情，一面將這些經驗串連在一起，編織成一則冒險故事。說來不可思議，每當我想在書中凸顯某個細節或強調某個論點時，機緣巧合，總會有一些事件發生，幫助我達成願望。我需要的參考書會神祕地冒出來，展現在我眼前；好幾回，正當我為書中某個角色的塑造和刻畫傷透腦筋時，此類人物就突然出現在我的現實生活中。有時，無緣無故，陌生人會敞開胸懷主動跟我攀談，向我傾訴他們的心靈經驗，我應他們要求把手稿拿給他們看，而他們的反應和建議，總會促使我對文稿做一些修改和潤色。

當這些人開始向我索取手稿影本準備分贈親友時，我知道這本書的寫作即將完成。我開始尋找出版商，但屢屢碰壁，弄得滿頭包。寫作過程中遭逢的那些機緣，突然全都終止了；我彷彿變成了一條死魚。就在這節骨眼上，我心中靈光一現，開始將新心靈覺知最重要的一項原則和真理，應用到眼前的處境中。這是一種新的人生態度，以前我曾體驗過，但還不能心領神會，將它徹底融入自己的意識中，以至於乍然遭逢困境便驚惶失措，不知如何是好。

我把缺乏出版機會看成一項失敗、一個負面事件；正是這種消極心態，把引導我寫作《聖境預言書》的種種機緣全都嚇跑了。這麼一想，我茅塞頓開，重新振作起來，把整本書修改一遍，並特別強調我剛領悟到的這一點。我發現，在現實生活中，我也應該以同樣的眼光看待日常發生的事件：它的意義何在？它到底給我們捎來什麼樣的訊息？

幾天後，有朋友提起，她遇到一位剛從紐約遷居到我們這兒來的男士。這位先生多年來一直在出版界工作。聽到這番話，我心中登時浮現出一個意象：我親自登門，向這位仁兄求教。有如靈感一般，這份直覺來得正是時候。第二天我真的去找他。消失好一陣子的機緣，這下全都回來了。這位先生目前的工作是協助作家自費出版作品。他告訴我，《聖境預言書》手稿已經在朋友間流傳開來，口碑極佳，因此他有信心，這本書自費出版後，肯定會受到讀者歡迎。

不久之後，《聖境預言書》即準備進廠付印，而稍早前我結識了賽兒・梅瑞爾（Salle Merrill），她擁有細緻、敏銳的女性觀點，並適時地把「贈予」的重要觀念帶給我。這本書第一版印三千冊，其中一千五百本，我們寄給或親自送給阿拉巴馬州、佛羅里達州、北卡羅萊納州和維吉尼亞州的小書店和個人。首批讀者的口碑，終於使這本書獲得應有的肯定。

六個月內，《聖境預言書》印行了十多萬冊，出現在全美五十州，甚至流傳到世界各地。這樣的銷售成績，並不是靠促銷推廣達成的，真正的原因是：讀者大量購買這本書，贈送各地親友。

美夢成真

我提這件事，只是想證明一點：我們的新心靈覺知，旨在幫助我們實現夢想，那是亙古以來人類一直追求的目標。宇宙彷彿是一座巨大的舞臺，我們每個人都有機會上場演出，實現自己內心深處的願望。它是一個充滿活力的體制，而推動它的正是源源不絕、成天顯現在我們生活中的小小奇蹟。但這有個條件：你期望宇宙回饋多少，就應該先拿出同等分量的東西提供給宇宙。因此，你若想發現真正的自我，找出自己在人世間的使命，體察人生中種種神祕奇妙的機緣，就應該以正面、積極的態度面對人生，在日常事件中尋找光明、充滿希望的一面。

將新心靈覺知落實在日常生活中，你會通過一系列步驟，接觸到一個又一個的啟示。這裡的每一個步驟都能擴展我們的視野、加深我們的眼光，但也都會給我們帶來一連串挑戰。淺嘗即止、有如蜻蜓點水般地掠過每一個階段和層次的覺知，是不夠的。我們必須身體力行，將擴展中的覺知，一點一滴全都融入我們的日常生活中。只要有一絲消極的念頭在心中生起，機緣就會立刻中斷。

在以下各章中，我們將逐項檢視這些步驟，不光是把它們看作一種內在經驗，更重要的是要將它們落實在日常生活中，切實發揮效用。

2 體驗人生的機緣

有意義的巧合事件隨時都會發生。我們一如往常地過著日子，突然間，一樁奇異的偶發事件出乎意料地發生，吸引了我們的注意力。譬如，我們會無緣無故想起多年未思念過的老友，然後，當我們把這件事忘得乾乾淨淨時，第二天，卻在街上跟這個人不期而遇。同樣的，有時我們在工作場合看到一個陌生人，心生好感，很想和他或她結交，隨後就在餐館中赫然發現這個人坐在隔桌。

人生中的機緣巧合會以各種形式顯現。譬如，我們需要某一類資料，正愁不知上哪兒尋找時，它卻突然出現在我們面前。又譬如，我們可能曾經有過某種嗜好或興趣，表面看來純粹是種消遣，而今卻使我們獲得一份新工作或機會。每一樁機緣的形式和細節容或不同，但我們難免會感覺到，這種事件實在太奇妙了，絕不可能純屬偶然。面對這樣的機緣巧合，一時間，我們會感到震懾。在某種層次上，我們意識到這類事件是命中注定的：它被安排在這一刻發生，目的在於扭轉我們的生命，把我們推向一個嶄新的、更具啟發性的人生旅程。

林肯曾經提到他年輕時發生的一樁機緣。那時，林肯正為前途發愁；他不願待在伊利諾州鄉下，像村裡其他人那樣當一個農夫或工匠。一天，他在街上遇到一個窮困潦倒的小販，小販請求林肯拿出一塊錢，買下他破舊桶子裡的貨品（全都是一些不值錢的東西）。林肯大可以不理睬這個小販，但他還是掏出一塊錢把這桶貨物買下來。回家後，他打開桶子清理裡頭的東西，在一堆破銅爛鐵中找到一整套法律書籍。後來他埋首苦讀，終於成為一位律師，繼而躍登美國政壇，建立顯赫的功業，完成他在人間的使命。❾

瑞士心理學家榮格，是第一位探討、界定這種神祕現象的現代思想家。他把它稱為「同步性」（synchronicity，編註：又譯為「共時性」），意即認知人生中意義深長的巧合事件。榮格認為，「同步性」是宇宙中一個非因果法則；它的運作目的在於促進人類意識的成長。❿

在一場診療中，榮格目睹「同步事件」的一個典型例證。他的病人是一位舉止端莊、言談文雅的女士，但卻深受某種執念所困擾。榮格幫助她探索她做過的夢，試圖激發她個性中輕鬆、活潑、直覺的一面。在最近的一場夢中，她發現自己跟一種名叫聖金龜子（scarab）的甲蟲一塊兒相處，但她打死都不肯說出她對這個夢的看法。就在這當口，榮格聽到一個奇異的聲音，彷彿有人在敲打窗子。他拉開窗簾一瞧，赫然看見一隻聖金龜子坐在外面窗臺上，而這種昆蟲在當地極其罕見。根據榮格的說法，這齣意外的插曲使這位女士內心受到莫名的感動。沒多久，她的病就好了。[11]

回顧自己的一生，我們都能在一連串神祕奇妙的事件中，看到這種「同步」模式；它的發生和存在，造就了我們目前的職業、婚姻和人際關係。然而，要察覺眼前這一刻正在發生的這類攸關重大的事件，可就困難得多。一如我們剛才看到的，機緣巧合有時充滿戲劇性，有時卻十分微妙，轉眼消失無蹤，因此，我們難免會把它看成意外的、偶然的事件，不把它放在心上，而這正是舊有的物質主義世界觀要求我們做的。

我們個人面對的挑戰，是設法克服現有文化對我們的操控和影響——它使我們誤以為人生是平凡、單調、不帶絲毫神祕色彩的。我們之中，大多數人早就學會帶著妄自尊大的心態過日子。早晨醒來，我們想到的第一件事是：我必須把今天掌控在手中。我們在心中擬妥一份清單，上面列著今天必須完成的事項，然後一心一意朝向這些目標邁進，煞似一個在隧道中行走的人，眼中只看到隧道盡頭的一小撮陽光。而神祕的現象就顯現在我們身邊，徘徊在我們生命的邊緣，翩躚起舞，不時讓我們瞥見人生的種種潛能和機運。我們得放慢腳步，轉移目光的焦點，抓住迎面而來的機會，體驗一下神祕奇妙

[9] 普羅戈夫，《榮格：同步事件與人類命運》（紐約，一九九三年）I. Progoff, *Jung: Synchronicity and Human Destiny*（New York: Julian Press, 1993）。

[10] 榮格，《同步性》（紐約，一九六〇年）C. Jung, *Synchronicity*（New York: Bollingen/Princeton Univ. Press, 1960）。

[11] 畢特，《同步性：物質和心靈之間的橋梁》（紐約，一九八七年）F. D. Peat, *Synchronicity: The Bridge between Matter and Mind*（New York: Bantam, 1987）。

的緣。

夜夢

在我們平日遭逢的各種同步經驗中，最陰暗、最模糊、最難詮釋的，應該就是夜夢了！這一類的夜半邂逅，長久以來一直蠱惑著我們的文化。它是神話和預言的重要題材。在某種程度上，我們知道它跟我們的生活有所關聯。但究竟是怎樣的一種關聯呢？

通常，夢以故事的形式顯現，但它的情節荒誕不經，它的人物稀奇古怪，它把不相干的角色和場景湊合在一起，徹底顛覆日常生活的法則。也因此，一般人不願花費心思詮釋他們做過的夢。出現在夢境中的意象實在太隱晦、太詭譎了，所以我們就乾脆把這一堆亂七八糟的場景看成毫無意義的東西，一覺醒來，照常過我們的日子，彷彿從沒作過這個夢似的。

然而，研究夢境的專家卻警告我們，切莫輕言放棄。[12]他們說，每一個夢都具有重大的、深刻的意義，隱藏在象徵中。各位只需到書店走一遭，瀏覽一下陳列在書架上形形色色、汗牛充棟的解夢書，大概就曉得夢的象徵是怎麼回事。簡單地說，那是一種神話或原型意義，可以附加在夢境中出現的各種要素或成分上，從各式各樣的飛禽走獸到謀殺、逃亡、偷竊等行為。

不過，我認為要破解夢境之謎、探尋夢中蘊含的同步經驗，我們必須超越一般專家對這些象徵所做的制式詮釋，把焦點轉移到更高、更大的層次上，發掘環繞著夢中情節和人物的深層意義。這兒，我們可以找到切身的、和我們在日常生活中的處境有直接關係的訊息。

譬如，我們夢見自己置身戰場中，慌慌急急逃避戰火，然後隨著情節的開展，我們找到某種方法，不但逃過這一劫，而且還促使這場戰爭結束。這樣的一個情節和主題，也許可以幫助我們了解自己在日常生活中遭遇的困境。當然，我們並不真的在打仗，但現實生活中總存在著某種衝突，由夢境中的戰爭以象徵形式呈現出來。面對現實生活中的衝突，我們是逃避呢，還是以躲藏、否認問題存在或想法子讓自己分心的方式，來避免正面衝突和對抗，希望問題會隨著時間消失？

探尋夢境傳達的訊息，最好的方法是比較夢中的基本情節和我們在現實生活中遭遇的困境。譬如，逃離戰爭（衝突），隨後找到一個解決方法；這樣一個夢，說不定是在勸告我們：趕快醒來吧！勇敢面對衝突，尋求解決之道。

出現在夢境中的人物，又是怎麼回事呢？儘管這些角色看起來怪里怪氣，但我們不妨思索一下：他們有沒有可能是象徵日常生活中和我們來往密切、互動頻繁的一些人？我們不妨問問自己：平日，我們是不是用正確的眼光看待這些人？到底有沒有看走了

⑫ 卡斯克登編，《睡夢百科全書》（紐約，一九九三年）M. A. Carskadon, editor, *Encyclopedia of Sleep and Dreaming*（New York: Macmillan, 1993）。

眼？說不定，這個夢的作用是揭露這些人的真面目，讓我們更加了解、認識他們，不管是好的還是壞的一面。

但是，如果我們一再分析、探討夢中情節和人物，卻看不出它們和現實生活有何關聯，那我們應該怎樣看待這個夢呢？我的建議是：趕快把這個夢記錄在日記中，說不定它是一項預言。一般人都以為預言式的夢一定會有戲劇性的結局，例如逃過空難或飛來橫財這類的，但事實上，內容全是日常生活瑣事的夢，也可能成為預言。有些夢之所以顯得怪誕、滑稽，是因為它所描述的情境和事件，還沒在我們現實生活中發生。我們應該把這個夢留存在心中，切莫將它拋棄。說不準什麼時候，它會發揮預言作用，為我們指點迷津。

思念老朋友

思念一位老朋友，心中浮現出他或她的影像，這種「同步經驗」通常比較單純、直接。通常，開始時只是一個念頭，隨後朋友的影像就突然闖進我們心靈，跟其他事件毫無關聯。這時，我們也許會對自己說：好久沒想起這個人了！好一陣子沒跟他談話了！這種思念通常發生在清晨半睡半醒時分。

不幸得很，在當前的文化氣氛下，一般人都不願花太多心思在這種經驗上；我們偶然思念起老朋友，感嘆一番，就把他拋到腦後，忙自己的事情去了。這一來，我們就不免錯失這種思念所蘊含的深層意義。

但是，如果我們更加留意這些念頭，其他「同步事件」說不定就會開始發生。也許，我們會著手尋找其他東西——跟這個人有關、能夠激發更多回憶的東西，諸如一張老照片或一封信，讓我們緬懷起曾經跟他共度的美好時光。仔細一想，我們甚至會發覺，相似的情況正出現在我們的生活中。

當然，其他「同步事件」也可能發生。或許有一天，我們行走在大街上，一抬頭，卻看見我們思念的那個人迎面走來。或許，說不準什麼時候，我們拿起電話，赫然聽見這個人的聲音從線路另一頭傳過來。

這樣的機緣，我們應該牢牢掌握，不要讓它溜走。如果那一刻我們正忙著其他事情，沒工夫跟這位老朋友敘舊，我們可以訂下約會，找個時間聚聚，吃個飯或喝杯茶。多年不見，肯定會有說不完的話、交換不完的訊息。重要的是，這樣的機遇讓我們有機會探索、追尋隱藏在現實生活底下的人生奧祕。

有時，沒來由地突然思念起某個人後，我們會採取主動，立刻打個電話給他或她。好幾回，我曾有過這樣的經驗：我伸出手來，準備打電話給一位老朋友，就在這一剎那，電話鈴響了，竟然是這個人打來找我的。我們應該掌握這樁機緣，趁這個機會跟朋友談談彼此的生活近況，共同探尋隱藏在這巧合事件中、富於啟示性的某種訊息。

不期而遇

另一種類型的「同步」事件和經驗，是純粹的偶遇。它可能牽涉到朋友、熟人或根本不認識的陌生人。倘若遇到的是相識的人，我們會發現，我們跟這個人相遇的方式實在過於奇妙，不像是純粹的巧合。

在關鍵時刻遇到一位老朋友，就是典型的例子。新身心醫學（new mind/body medicine）倡導者狄巴克．喬布拉（Deepak Chopra）曾談到促使他改變態度、開始研究另類醫學的一連串經驗和機緣。他原是以傳統西方醫學博士的資歷和身分，一面執業，一面在哈佛和其他幾所大學任教，擔任免疫學教授。

然後，他的人生開始改變了。有一回，他到外地演講，受邀跟一位來自東方的禪師見面。禪師建議他研究印度的「養生學」（Ayurvedic medicine）。這種東方傳統醫學強調的是疾病的預防。喬布拉一笑置之，他才不想碰這種聽起來神祕兮兮的醫療方法。

跟禪師見過面後，他開車到機場，出乎意料之外，卻碰到他當年在醫學院結識的一位老朋友。聊了一會兒後，這位朋友掏出一本印度養生學的入門書，建議喬布拉看一看，說不定他會覺得很有趣。這個巧合實在太奇妙了，喬布拉內心深受震撼。他開始閱讀這本書，讀完後，他認定，提倡養生學是他這一生責無旁貸的使命。於是，他開始周遊世界，宣揚和傳授另類醫學。[13]

另一種同類的「同步事件」是：在短短一段時間內，我們三番兩次碰到一個我們根本不認識的人。照理說，這種事件發生的機率實在很低，然而，在日常生活中，我們卻常常遇到這種情況。通常，遇到一個陌生人，我們並不會放在心上，但同一天接連兩次、甚至三次遇到同一個人，這樣的巧合必然會引起我們注意。不幸的是，通常我們只會覺得有點奇怪，然後就把這件事拋到腦後，照樣過我們的日子，而未採取任何行動。

這兒，我們又面對同樣的挑戰：找個機會主動上前，跟這個人攀談。即使是認識的人，這樣做都已不太容易，更何況是對陌生人。我們碰到的最大障礙是，一般人對陌生人總會採取防衛的態勢。在西方文化中，跟別人的眼睛接觸、主動上前跟對方攀談，通常會被指為侵犯隱私權，甚或進行「性的挑逗」。我們社會有一個謬誤的觀念：如果一個女人正眼看男人一眼，她肯定是在送秋波、拋媚眼，企圖勾引這位男士。這就造成了各種各樣荒謬滑稽、令人啼笑皆非的怪現象——婦女走在街頭，刻意把眼睛望向別處，免得讓迎面而來的男士誤以為她是個蕩婦，很容易上手；男人走在街上，紛紛裝出一副道貌岸然、目不斜視的模樣兒，免得被人當成登徒子。

所幸，我們的直覺會幫助我們克服這道障礙。如果我們聚精會神，體察能量流通的狀況，就能做出正確的判斷：哪一個陌生人，我們可以主動上前跟他或她攀談；哪一種人我們應該敬而遠之，千萬莫招惹他或她。在這方面，同樣重要的是對我們自己的性能

⓭ 羅賓斯，《與狄巴克．喬布拉一席談》，訪談錄音，一九九三年。A.Robbins, ... *With Deepak Chopra*, taped interview（Guthy-Renker, 1993）。

量進行理性的、有意識的分析（譯註：關於男女之間「能量」流通的問題，請參閱《聖境預言書》第三章〈能的奧祕〉）。

我認為，在這種情境中，保持親切友善的態度是最好的策略，最能發揮效果。我們不妨走上前對這個人說：「剛才我好像看見你哦！」然後主動自我介紹。如果相遇的地點是一家商店，我們大可這麼說：「我來買件衣服，過幾天要去參加一個派對。」希望對方會回應我們的攀談，告訴我們他／她到這間商店來的目的。這樣一來，兩個陌生人之間不就有共同的話題了嗎？切記：攀談的目的，是要找出隱藏在這樁機緣背後的原因和意義。

年長的人似乎比較善於跟陌生人攀談，但我們每個人都能克服羞怯——只要動機和意圖是純正、真誠的。不論如何，試試總無妨；萬一碰壁，也不必放在心上，一笑置之即可。誠如我祖母所說：「做人的最高境界是，出洋相出得很優雅體面。」當然，跟陌生人接觸，我們要格外小心（譬如，開始時只在公共場所見面）。但只要我們依循正確的步驟進行，肯定會獲得豐厚的報償——人生的機緣會源源不絕湧現在我們面前。

資訊來得正是時候

另一種「同步事件」有時也會在我們生命中發揮重大作用：我們需要某種資訊，正愁不知上哪兒尋找，有如及時雨一般，它卻突然出現在我們眼前。在它發生前的那一瞬間，我們心中會突然湧起一股強烈的期盼。那時，我們也許正在工作，也許正在演講，沒來由地，忽然感到某種重大事故即將發生。稍後我們會進一步探索，這種經驗來臨時，有時我們會察覺到身體驟然變得輕盈起來，周遭的事物忽然變得更加明亮、鮮活。內心深處有個聲音告訴我們：我們的生命即將面臨一個重大的轉捩點。

我們期待的資訊是怎樣出現在我們面前的呢？這是個謎。通常，它是透過另一個人——若不是經由他的言辭，就是透過他的行動——傳遞到我們手中。它也可能以書刊或新聞的形式出現。它給我們帶來的往往是另一個人對世界的觀點、研究或看法。它在最恰當的時機來臨，幫助我們擴展心靈覺知。

我們能察覺到資訊即將來臨，可能是我們已經度過了必要的成長階段，準備進入生命的下一章。我曾有過一樁類似的經驗；那時我正在研究人類權力鬥爭的問題，我已經了解人類是以非理性的方式進行競爭，但我也知道，關於權力鬥爭的問題，還有很多謎團亟待解開。有一陣子，我內心深處隱隱約約感覺到，在這項研究中，我即將跨出一大步。

等著，盼著，啥事都沒發生。有一天我開車在街上兜風，忽然看到一間書店，心念一動，立刻停下車來，推門進去，開始瀏覽，心中那股期盼愈來愈強烈。就在這當口，至少三十英尺外，有一本書驟然吸引住我的目光。遠遠望去，封面上的圖案和色彩顯得那麼突出、耀眼，在一大堆書籍中有如鶴立雞群。我衝過去，拿起這本書一瞧，原來是厄尼斯特・貝克（Ernest Becker）寫的《逃離邪惡》（*Escape from Evil*）。書中探討，人們為了提高自身的安全感，加強自尊心，不惜採取各種手段犧牲別人，以抬高自己的身分和地位。⓮這正是我期盼的資訊。它的出現，填補了我在權力鬥爭研究中碰到的一個空白，讓我往前邁出一大步。

總之，捕捉日常生活中隨時都會出現的各種機緣，訣竅在於隨時保持警覺，給自己留下一點時間，探索蘊含在「同步事件」中的意義。若想做到這一點，我們每個人都必須在忙碌的日常生活中，騰出足夠的時間——我管它叫「浪遊時間」——啥事都不做，四處晃蕩，或翻翻報紙，或看看電視，漫不經心地從一個頻道轉到另一個頻道，或到街上走一走，對周遭的事物保持高度警覺。突然想起一位朋友，別客氣，到他家串串門子吧！說不定會有奇妙的事情發生哦！在這方面，網際網路（Internet）也是挺有趣的資訊來源。但我們必須記住，任何人都可以把任何東西放進網路；那兒沒有編輯或審查員確保資訊的正確無誤，也沒有發行人為網路上刊布的東西負起法律責任。

連接人生機緣和宗教信仰

對某些人來說，把自己日常生活中經常察覺到的「同步事件」跟宗教信仰連結在一起，是一項艱巨的挑戰。但在我看來，兩者之間通常不會有衝突。一旦我們開始認知、體驗人生中的機緣，它的奧祕就會把我們帶到人生的另一個層次，讓我們直接面對更深層的、超越物質的問題：把我們推向命運的力量，究竟是什麼？我們的人生，到底有沒有一個神聖的、上天安排的目標？若有，這個目標又是如何向我們顯現呢？

一般人在成長過程中，或多或少都曾受傳統宗教薰陶。就算我們本身沒有特別的宗教信仰，我們的親友中，肯定會有一些人是虔誠的教徒，一生奉行某一種宗教的教義，至死不渝。我絕對相信，這些人是出於內心的誠敬，想讓他們的宗教對人類的獨特貢獻繼續保持下去。由於這份心願，人類社會才擁有多姿多采的宗教信仰；透過不同的宗教，我們可以探索各種人生觀，幫助我們的心靈成長。在我看來，每一種正面的、積極的宗教信仰，都包含一個重大的真理。不同宗教間的對話和交流，儘管目前還稱不上熱絡，但對人類朝向整體的、更加健全的心靈覺知發展和演進，卻是非常重要的。

認知人生中的機緣，並不意味某個宗教傳統比另一個更加精深、高明。這本書探討的「同步事件」，以及我們目前試圖建立的整體新心靈覺知，只不過是一種體認——察覺「神」的力量在我們生活中運作的方式。全世界的主要宗教，諸如印度教、佛教、猶太教、基督教、回教，以及各種各樣的原始宗教傳統，都有一個共同的觀念：回應神的意旨。換言之，這些宗教全都在促進人類心靈成長，期能與神性結合為一，或與宇宙中的創造力量交融。我們對人生機緣——「同步事件」的新認知，只不過是體察到了人類跟這種宇宙力量之間的關聯。

記得小時候，身為一個在鄉下基督教堂中長大的孩子，我常常在思索，到底要怎樣

⓮ 貝克，《逃離邪惡》（紐約，一九八五年）E. Becker, *Escape from Evil*（New York: Free Press, 1985）。

實踐上帝的意旨？即使那個時候，我心裡也不曾懷疑過，我們這座教堂和周圍的社區非常特殊，跟別的教區不太相同。街坊鄰里相親相愛、互相扶持，有如一家人。我還記得，大夥三不五時聚在一塊兒，合力幫助鄰居建造一座新穀倉或照顧生病的家人。以那個時候的標準來衡量，我們信奉的基督教派可說十分開明、寬容。

我們這個教派特別重視皈依的經驗——接受基督教的教義。大夥兒心照不宣的是：皈依之後，每個人都必須探尋上帝的意旨，終生奉行不渝。小時候我感到很迷惘、沮喪，因為從未有人跟我詳細討論過，究竟要如何尋找和奉行上帝的意旨。當然，那個時候，整個美國社會都沉湎在世俗物質主義中。但我那小小的心靈，卻充滿疑問：我們必須與之打交道的這位上帝，究竟是誰？祂的本質是什麼？我們怎樣體驗上帝的存在？奉行上帝的意旨，到底是怎樣的一種感覺？面對這些問題，教友們都不知如何回答，但他們臉上的神情顯示，他們心裡知道答案，只是找不到恰當的語言表達出來。

我認為，新心靈覺知運動的任務之一，就是清晰地、有意識地回答這些問題。一連好幾百年，中古世紀那幫貪污腐敗的神職人員，利用教徒的無知和恐懼，向他們索取金錢，聲稱如此可以換取祝福和救贖，這些人妨礙了教徒從事靈修、追求更高層次的心靈覺知，今天也還有一些神職人員在幹同樣的勾當。但我相信，愈來愈多人已經領悟到，分享和共同討論心靈經驗是非常重要的。在體制化宗教中，愈來愈多人體認到，我們對人生機緣和同步事件的認知，能夠延伸、澄清我們宗教傳統的菁華。這種認知提供了一個直接證據，證明有一股神性力量活躍在我們日常生活中，而這個力量——我們的直覺和信念一再告訴我們——早就存在於人世間。

回應懷疑論

我們這些開始將新心靈覺知落實在日常生活中的人，所面臨的最大挑戰，也許是如何跟懷疑論者相處。一旦敞開心胸，接納人生中種種奇妙的機緣，有時我們不免得面對某些人的質疑。他們要不對我們的信仰持負面看法，要不就是對我們經驗的可靠性直接提出挑戰。雖然懷疑論者的人數日益減少，但舊有的物質主義世界觀至今仍擁有眾多信徒。在這幫人心目中，任何涉及靈異現象的言論全都是無稽之談，毫無根據。這類言論直接威脅到他們對物質世界的看法和信念。基於常識，他們只相信宇宙中「真實」和「理性」的一面。

我們遇到的懷疑論者，大致可分成兩大類。人數最多的一類，對新心靈覺知持懷疑的態度，並不是因為他們曾經對自己聽過的各種多姿多采的玄祕經驗進行過徹底的調查。情況恰恰相反。他們既沒有時間、也沒有興趣探究這類經驗，於是乾脆採取最安全、穩當的立場：給所有玄祕經驗貼個標籤——荒誕不經。他們批判任何新創作和新觀念，把嘲笑別人當作建立個人權勢的手段。在這樣的情況下，為了避免發生衝突，大多數人都會採取保守、傳統的立場。

我們面對的另一種懷疑論者，是真正信仰科學物質主義的人。他們對各種玄祕經驗和靈異現象，可能做過某種程度的研究，但稍一涉獵，就立刻退回到物質主義堡壘中，要求我們提出客觀的證據。我們一再指出：在人類漫長的歷史中，玄祕經驗一再發生，持續不斷；數以千計彼此之間毫無關係的人，曾經有過相同的玄祕經驗；統計數字一再顯示，第六感和特異功能是自然現象。然而，這些論證，懷疑論者全都聽不進去。

對付懷疑論者，有幾個方法頗為管用。首先，我們必須記住：某種程度的懷疑態度和精神，事實上是必要的。我們可不能隨隨便便就接受一個時髦的觀念，照單全收。不管誰對世界本質提出新看法，我們都應該用批評的眼光看待它。

但我們也千萬不能忘記，這個原則有一條十分重要、但卻經常被人遺忘的但書：我們必須敞開胸襟，冷靜、客觀地探討引起爭議的現象和經驗。當我們探討的現象與心靈和精神世界有關時，如何在懷疑和開放之間拿捏平衡點，尤其困難。

另外兩點也非常重要：跟懷疑論者談起玄祕經驗時，要盡量保持友善的態度，盡可能尋求共識。根據我的觀察，今天這群體驗過玄祕經驗和心靈覺知的人，過去幾乎全都是極端的懷疑論者。在這層意義上，我們全都是「前懷疑論者」。我們必須再次提醒自己：敞開胸襟，接納人生神祕面的過程，主要是透過人與人之間的互動——我們看見一位親友認真追求心靈經驗，好奇之餘，我們也決定試試看，了解一下這究竟是怎麼回事。

因此，跟懷疑論者談話時，我們必須非常誠懇、認真。我們的坦誠說不定會軟化這個人強硬的、根深柢固的立場。結果呢？說不定我們會發現，我們眼前的這位懷疑論者，在某個問題上，他的論點也許是正確的。正在探索人類經驗潛能的人，必須致力於雙向溝通，以求建立共識。我們應該留心傾聽對方的話，從中學習。開放的、坦誠的對話能夠確保觀點的流通，開拓我們的視野。

認真看待人生機緣

體察日常生活中不時顯現的機緣巧合的事件，以開放、客觀、不做負面批評的態度討論這些經驗，是落實新心靈覺知的首要步驟。而接下來，我們得面對更多的問題：我們察覺到的「同步事件」，如果真的是顯示有一股超物質的精神力量在我們生活中運作，那麼，生活在西方文化中的我們，為什麼長久以來一直漠視這些神祕事件的存在？為什麼要一直等到現在，人類歷史中的這一刻，我們才開始察覺人生的機緣？這個現象牽涉到的，究竟是怎樣的一個歷史背景？

這些問題，將會把我們帶到新心靈覺知的第二個層次。

3
認知我們在歷史中的位置

早晨，一覺醒來，我們望出窗口，看見我們這個現代世界從睡夢中甦醒過來，展開新的一天。鄰居們紛紛出門，開車上班；我們頭頂上也許正有一架飛機轟隆隆地掠過；一輛貨車載著滿車大規模生產的商品駛過門口，開往街尾那家超大型雜貨鋪。

對某些人來說，我們在這一刻觀測到的漫長人類歷史，只不過是一長串的經濟發展和科技進步，但在愈來愈多人心目中，歷史正逐漸變成一種心理上的疑問：我們今天為什麼會這樣過活？我們的祖先究竟是以什麼方式塑造和界定我們今天面對的日常現實？為什麼我們會相信我們今天相信的那些東西？

歷史，毫無疑問的，是圍繞在我們個人生命之外、一個更大更深廣的格局。缺少歷史，我們便只是生活在一個從小繼承的粗淺、狹隘的現實裡。正確了解歷史，能使我們對世界和人生的認知，具有深度和實質。歷史環繞著我們看到的一切事物，宛如一個框架，賦予我們的生存一個意義，告訴我們，我們究竟是誰。它為我們提供一個參考座標，讓我們看清人類未來的發展和走向。

取代中古世紀宇宙觀

現代西方人對世界的認知和看法，是開始於五百年前中古世紀世界觀全面崩潰的時候，眾所周知，這個舊世界是由早期基督教會的中心權威一手塑造、操控和維持的。當然，在羅馬帝國瓦解後，教會是拯救西方文明、使它免於分崩離析的主要力量，但在這一過程中，神職人員累積了極大的權勢。在長達一千年的中古世紀中，他們藉由闡釋《聖經》，規範了基督教徒的人生意義和目標。

今天，我們實在很難想像，中古世紀的西方人對自然界的運作方式和過程，究竟無知到什麼程度。他們對人體器官和植物的生長過程幾乎一無所知，突如其來的一場雷雨，被看成是神祇的怒吼或惡靈的把戲，大自然和人生的每一個層面，都是從宗教的角度來界定、規範。誠如厄尼斯特．貝克在《邪惡之結構》（*The Structure of Evil*）⓯一書中所指出的，根據中古世紀宇宙觀，地球是坐落在整個宇宙的正中央，有如一間巨大的宗教劇院，舞台上只搬演一齣大戲：人類在塵世中打滾、掙扎，贏取或喪失救贖。人間的

⓯貝克，《邪惡之結構》（紐約，一九六八年）E. Becker, *The Structure of Evil* (New York: George Braziller, 1968)。

一切災難——狂風暴雨、饑荒、瘟疫和兵燹，全都是為了要考驗人類對上帝的信仰，而撒旦窺伺在一旁，暗中蠱祟誘惑我們。神職人員告訴我們，魔鬼四處出沒潛行，一有機會就跳竄出來利用我們的弱點，矇騙我們的心靈，干擾我們為主所做的善工，阻撓我們對來世永生的追求。

真正獲得救贖的人，來世將生活在永恆的極樂世界中。屈從魔鬼的誘惑而未能贏取救贖的人，就會遭受天譴，陷身火湖中——除非神職人員插手。那個時候的人面對這樣的一種現實，既不能直接向上帝申訴、請求原宥，也無法得知自己究竟能否通過這一場心靈測試，因為當時的神職人員，自詡為看守天堂大門的唯一守門人，無所不用其極地使出一切伎倆防止普羅大眾接觸《聖經》和其他神聖典籍。若想死後上天堂，中古世紀的民眾沒有別的選擇，只有死心塌地地遵奉教會領袖的訓誡和教誨，而領袖的指示往往是錯綜複雜、詭譎多變的。

這樣的一種世界觀，它的崩潰自有很多原因。擴展中的世界貿易帶回了新文化和新觀念，對中古世紀西方人的宇宙觀提出強烈的質疑和挑戰。神職人員的貪瀆和顢頇作風，終於摧毀了教會的威信。印刷術從中國傳入歐洲，《聖經》和古典書籍開始大量發行，流通於普羅大眾間，最後導致風起雲湧的宗教改革運動。[16]

新一派思想家如哥白尼、伽利略和克卜勒，對教會奉行的傳統宇宙觀——太陽系的構造、星球運轉的規則、甚至人類在宇宙中的地位，提出正面的挑戰。把地球看成宇宙中心的舊信仰和觀念，終於遭受空前的質疑。隨著文藝復興和啟蒙運動的來臨，上帝開始從人們心中撤退，離人類的日常意識愈來愈遠。

惶惑不安的失落感

這兒，我們看到，現代世界觀形成過程中的一個重大歷史轉捩點。儘管殘破、腐敗，中古世紀世界觀畢竟曾經為西方人釐清、界定生存的本質。它是一套包羅萬象、全民一體遵奉的哲學思想體系，賦予人生的一切現象、事件意義和價值，其中包括人類存在的意義、死後進入天堂的標準等等。在傳統的基督教世界觀中，人生的各個層面都獲得解釋和界定。

中古世紀宇宙觀開始崩潰後，西方世界人心大亂，大夥兒感到惶惑不安，不曉得人生究竟還有沒有更高、更深邃的意義和價值。神職人員對人生和世界的詮釋如果是錯誤的、不可靠的，那麼，人類在這個星球上的真正處境，又是什麼呢？

我們望望周遭的世界，心中終於領悟：歸根究柢，我們人類只不過是搭乘一顆星球，糊里糊塗，環繞著宇宙十億恆星中的一顆，飛速旋轉在茫茫太空中。毫無疑問，我們的世界曾經有過一位上帝，我們的宇宙曾經存在過某種創造力量，為了某種意圖和目

---

⑯ 卡西爾，《愛爾蘭人如何挽救人類文明》（紐約，一九九五年）T. Cahill, *How the Irish Saved Civilization*（New York: Anchor/Doubleday, 1995）。

標，把我們安置在這個星球。而今，我們卻驟然失去了確定感，茫茫然不知何去何從。我們找不到生存意義，感到苦惱不堪。缺乏一個高層次的、明確的生存目標，我們又怎麼有勇氣活下去呢？到了十六世紀初，整個西方文化進入了過渡階段；西方人陷身在兩種世界觀之間的空白地帶，進退維谷，無所適從。

科學的興起

終於，我們想到了一個擺脫困境的方法——科學。在哲學思想上，人類也許真的迷失了，但我們發覺，我們可以採用另一種體系，透過它找回失落的自我。這回，我們自信找到了真正的知識，得以擺脫中古世界觀的迷信和教條。

作為人類的一種文化，我們決定展開大規模的調查，建立一套有組織的、旨在建立共識的體系，探尋人類在這個星球上的真正處境和生存本質。我們授權科學家，派遣他們進入這個陌生的地方（記得嗎？在那個時候，廣大的自然界還沒被命名，更不用說被界定、詮釋了！），探索事實的真相，回來向民眾報告。

那時，大夥兒充滿希望，士氣高昂。我們相信科學方法真的能夠幫助我們發現上帝的真正本質，找出隱藏在宇宙核心的那一套創造程序。我們相信科學家能夠蒐羅到足夠的證據和資訊，把我們自中古世紀宇宙觀崩潰以來，所喪失的確定感和生存意義重新找回來。

我們以為很快就能釐清人類的真正處境，然而，我們高興得太早了。首先，在教會的強大壓力下，科學家不得不把研究的焦點集中在物質世界上，早期的許多思想家，包括伽利略，被神職人員判刑，甚至公然處決。隨著文藝復興運動的開展，雙方終於決定休兵，勉強達成某種妥協。受創甚重但依舊十分頑強的教會宣稱，它對人類的心靈和精神生活，具有唯一的、不可分割的主導權。它們心不甘情不願地認可某些科學研究；而神職人員則堅持，科學只能應用於物質世界，探討行星、地球、植物和人體器官等自然現象。

感謝教會賜予這片領域，科學家開始將研究的焦點集中在物質世界上，很快就取得豐碩的成果。人類開始探索隱藏在物質背後的自然法則，勘查地球的地質構造和演進，觀測氣候的變化。人體器官現在全都有了名稱；在科學家觀測下，生物生命的化學運作也逐漸顯現出來。為了不使研究成果觸怒教會當局，科學家們如履薄冰，小心翼翼，專注於探測外在世界。

宇宙唯物論

這個外在世界是如何運作的呢？針對這個問題首先提出全面科學看法的，是英國的牛頓爵士。他匯集、整合前輩天文學家們的研究成果，塑造出一個完整的宇宙模型，在這個模型中，宇宙是穩定且可預測的。根據牛頓的演算，宇宙的運轉依照恆久不變的自然法則，而這套法則是可靠的，可以應用於我們的日常生活。

笛卡兒早就指出：整個宇宙的運作——地球和其他行星環繞太陽的運轉、大氣循環流動造成的氣候變化模式、動植物的相互依存等等，就像一部巨大的機器，具有類似鐘錶的發條裝置，永遠都是可靠的，完全不受任何超自然的神祕力量操控和影響。

牛頓根據教學公式所做的演算，似乎證實了笛卡兒的看法。這個整體宇宙觀，一旦被確立在物理學上，科學的其他領域和部門就只剩下一項職責：填補細節、探索比較瑣細的自然現象，找出推動這只宇宙大鐘的其他比較小的槓桿和發條。結果，科學變得愈來愈專門、分工愈來愈細，科學家們在各自的領域內群策群力，共同探索、命名、解釋我們周遭的物質世界。

笛卡兒二元論和牛頓物理學所建立的哲學觀，很快就風靡西方世界，被視為現代的主流思想。這一派思想家倡導一種建立在經驗主義上的懷疑論：我們不應該相信宇宙中的任何東西，除非我們能夠以科學檢驗的方式，證明這些東西確實存在。

培根（Francis Bacon）以後的科學家，在研究導向上變得愈來愈務實及俗世化，因此也就離人類心靈生活和目標這一類重大、深刻的問題愈來愈遠。每回被質問他們究竟相不相信上帝，科學家們就會搬出自然神論（deistic notion）當擋箭牌；根據這個論點，神推動宇宙，促使它運轉，但往後就一直袖手旁觀，讓它依照自己的機械法則運作。

啟蒙之道

如今，我們來到了現代世界觀形成過程中的另一個關鍵性轉捩點。我們原本冀望科學家為我們解答重大的生存和心靈問題，但他們卻愈來愈專注於物質的研究，眼光愈來愈世俗、愈來愈短淺。究竟要等到什麼時候，我們才能找到層次更高的人生意義？

顯然，這個時候的西方人，需要一個新的人生意義，一種能夠幫助他們熬過等待階段，並讓心靈有所寄託的新心態、新想法。在這關鍵時刻，我們做出了集體的決定：將注意力徹底轉向物質世界，就像科學家那樣。畢竟，科學家已經幫我們找到豐富的天然資源，只等我們去挖掘。我們可以利用這些資源改善經濟處境，在這個世俗的、物質的世界生活得更加舒適。也許我們得熬過一段日子才能弄清楚人類真正的心靈處境，那麼，在等待的當兒，我們何不努力幹活兒，使物質生活更舒適、更有保障？這套新人生觀雖是暫時的，卻也是人類進化過程中的一個必要階段，我們鄭重承諾要改善自己和子孫的生活。

至少，這套新人生觀讓我們靜下心來，專心工作。眼前有太多的活兒要幹，我們成天忙得不可開交，根本沒有工夫和心思停下來，面對那宛如陰影一般依舊籠罩著我們的生死問題。有一天，當我們結束在塵世的旅程時，我們就得面對心靈的現實，不管那是什麼。活著的時候，我們專心致志追求經濟成長，努力改善物質生活——個人的和集體的，把它當作短暫一生中唯一值得追求的目標。我們抱著這樣的心態進入現代世界，展開人類歷史的新章。

二十世紀即將結束的這一刻，我們只消望望周遭，就可以清清楚楚看到這種全神貫注、一心一意追求物質進步所帶來的豐碩成果。短短幾世紀中，我們探測整個地球，在世界各地建立新國家，創造出龐大的全球貿易體系。我們的科學家征服了許多疾病，發展出日新月異、令人嘆為觀止的通訊方式和網路，把人類送上月球。

然而，在這過程中，我們卻付出了慘痛的代價。以進步為名，我們狠狠剝削自然環境，差點沒把它給摧毀。就個人而言，我們發覺，在某個階段，我們對生活經濟層面的關注，漸漸變成一種執迷；我們利用它來紓解、袪除心中那份惶惑不安的焦慮感。在這套獨特的邏輯規範下，我們把世俗生活和物質進步當成唯一的人生現實，我們的內心也只能接受這種現實。

約莫二十世紀中期，西方人終於開始從這種專注的、偏執的追求中覺醒過來。我們停下腳步，望望周遭，開始察覺到我們在人類歷史中的位置。厄尼斯特・貝克的著作《否定死亡》（*The Denial of Death*）⑰贏得當年的普立茲獎，因為他在書中揭示，在心理上，現代人是怎樣地摧殘、糟蹋自己。我們把一生追求的目標集中在物質經濟上；長久以來，我們刻意迴避更深層的心靈經驗，因為我們不想、不願面對人生的巨大奧祕。

我認為這就是西方社會會將老人拋棄在安養院的原因：老年人會使我們想起長久以來自己在意識中一直刻意迴避的東西。我們必須躲藏起來，避免面對讓我們感到害怕的奧祕，因此，我們以常識為名，拒絕承認宇宙中存在著「機緣」這種東西，以及其他許許多多出於直覺的經驗和現象。由於內心的恐懼，長久以來，我們以懷疑的態度看待那些親身體會過神祕經驗的人；這些神祕經驗——玄祕機緣、第六感、預言夢、超感官知覺（ESP）、瀕死經驗、邂逅天使等等，在人類的漫長歷史中一再發生，甚至一直持續到現代。談論這些經驗，承認它可能發生，會威脅到我們的根本信念：世界只有一個，那就是我們現在居住的這個世俗的、物質的世界。

生活在更漫長的當下時刻

現在我們可以看出，我們對人生機緣的體驗和認知，所反映的正是一種集體覺醒——從主導西方社會數百年的世俗人生觀中醒悟過來。今天，當我們檢視現代世界的科技成就時，心理上，我們站在一個視野更遼闊、更深遠的制高點，能夠更清楚地看到這個世界的真面貌。

隨著中古世紀世界觀的崩潰，我們的安全感消失了；我們不再確定自己究竟是誰，我們的生存到底有何意義。於是，我們創造了一套科學研究方法，派遣科學家出門去探尋人類生存的本質。然而，科學家卻鬧起內訌，分裂成無數門派，未能及時帶回一份完整的、首尾連貫的報告。

⓱ 貝克，《否定死亡》（紐約，一九七三年）E. Becker, *The Denial of Death*（New York: Free Press, 1973）。

我們等得心焦，不得不暫時轉移注意力，把全副心思用在現實生活上，將人生簡化到只剩下經濟層面；結果，整個西方社會彷彿著魔似的，一心一意、全神貫注地追求安逸的物質生活。如同前文提到的，就在這個時候，科學家們建立了一套新的世界觀，益發助長民眾對物質生活的全力追求，到頭來，連科學家自己也迷失其中。由於這種狹隘的宇宙觀，我們付出了重大的代價：人類的經驗縮小了，變得異常貧乏；我們的心靈知覺遭受壓制，直到今天才掙脫出來。

我們現在面對的挑戰是，把這份對歷史的觀照固守在覺知中，落實在日常生活裡，提防勢力依舊十分強大的物質主義使出各種伎倆哄騙我們，把我們招引回舊有的世界觀。我們必須記住目前自己在人類歷史長河中所處的位置，認清現代社會的真相，時時保持警覺。唯有具備這種更遼闊、深邃的存活感受，我們才能向前跨出一大步，邁入旅程的下一個階段。

一旦我們用清澈無塵的眼光觀看人類的這段歷史，就會發覺，科學並未完全讓我們失望。長久以來，科學中一直存在著一股潛流，悄悄流淌過偏執的物質主義狂潮。二十世紀初期，西方社會開始出現一波新思潮，為宇宙的真面貌和人類在宇宙中的位置描繪出一幅比較周全、完整的圖像。而今，這幅圖像終於破除重重禁忌，進入人們的意識中。

4

邁入靈性宇宙

探討宇宙本質和人類處境的新科學，在興起的過程中，出現了一座極為重要的里程碑，那就是湯瑪斯．孔恩（Thomas Kuhn）一九五七年出版的著作《科學革命的結構》（*The Structure of Scientific Revolutions*）[18]。這本書提醒我們，科學家在選擇自己的研究題材或評判別人的研究成果時，總是挾帶著某種程度的偏見；這是西方科學界的一個普遍傾向。

孔恩的研究顯示，他所稱的「典範式思考」（paradigm thinking），往往會促使科學家排斥某些領域的研究，包括那些不容易融合進當前流行的科學理論或概念的研究方向。

[18] 孔恩，《科學革命的結構》（芝加哥，一九七〇年）T. S. Kuhn, *The Structure of Scientific Revolutions*（Chicago: Univ. Of Chicago Press, 1970）。

所謂典範，孔恩指的是一套有關現實本質的信念；它是不證自明、恆久不變的。典範式思考會讓人們（這兒指的是科學家）在面對理性證據時，強詞奪理，極力為自己的觀點辯護。幾百年來，科學家們盲目信從牛頓樹立的科學典範，就是這種思考模式造成的。孔恩的論證也顯示，某些科學家把研究工作當作個人「投資」：他們通常在大學或民間研究機構工作，將研究成果和發現視為晉身之階，因此，一旦面對新人和新觀念的挑戰，他們就會覺得自己的事業和地位遭受威脅，於是想盡辦法為自己的觀點辯護——即使客觀上，他們心知那些新觀念確實要比他們自己那套東西更加周延、完整。

由於這個原因，科學的進展一直十分緩慢——往往得等到一整個世代的科學家退休，新世代的科學家才有機會展示他們的研究成果，被科學主流所接受。孔恩的最大貢獻，就是在人們普遍察覺科學典範正面臨重大轉變的時機上，將自覺和開放的精神，注入新世代的科學家心靈中。

牛頓心目中的世界，是依照純粹物理程序運作的，就像一部機器，不受任何心靈力量或玄祕經驗影響。遵循這個典範，科學的其他領域和部門分工合作，分頭探索、解釋宇宙的各個組成要素和基本運作程序。

然而，到了十九世紀末，就在機械論典範達到巔峰之際，形成這種宇宙觀的物理學基本觀念和假設，卻開始遭受強烈的質疑。突然間，我們看到的宇宙不再是一個死氣沉沉、缺少靈魂的東西；它變成了一個巨大的、充滿活力的神祕能場，裡頭充塞著一種叫作「能」（energy）的東西，四處流動，相互激盪。剎那間，宇宙彷彿有了「靈性」。

新物理學

這一場朝向靈性宇宙觀的大轉變，肇始於愛因斯坦。在數十年的學術生涯中，他一手扭轉物理學發展的趨勢。誠如卡普拉在《物理之道》（*The Tao of Physics*）一書中指出的，愛因斯坦崛起時，科學家們對宇宙的研究正面臨一個難以突破的瓶頸——他們發覺，舊有的觀念和方式，無法解釋某些實驗成果和數據；譬如，光的行為，似乎不完全吻合牛頓的機械宇宙觀。[19]

一八六〇年，兩位物理學家麥克斯威爾（Maxwell）和法拉第（Faraday）的研究顯示：描述「光」的最好方式，就是把它看成一個不停振盪的電磁場；光以波浪的形態在宇宙中穿梭行進時，這個電磁場就會扭曲空間。但是，在牛頓的宇宙觀中，空間的扭曲顯然是不可能的，因為如果要配合這樣的理論，光波就需要一個媒介，透過這個媒介展開機械式的旅行。為了解決這個問題，麥克斯威爾和法拉第假設，宇宙中存在著一種四處瀰漫的物質「以太」（ether），可以充當光行進時的媒介。[20]

針對這個問題，愛因斯坦提出一個理論：宇宙中並沒有「以太」這種東西；事實

---

[19] 卡普拉，《物理之道》（科羅拉多州波爾德市，一九七六年）F. Capra, *The Tao of Physics*（New York: Bantam, 1987）。

[20] 卡庫與特萊年，《超越愛因斯坦》（紐約，一九八七年）M. Kaku and J. Trainen, *Beyond Einstein*（New York: Bantam,1987）。

上，光不需要任何媒介，就能夠以扭曲空間的方式在宇宙中旅行。他進一步指出，這種效用也可以用來解釋地心引力；他認為，「引力」根本不是牛頓所描述的那種力量；事實上，它是一個星體或行星的質量扭曲空間所造成的後果。

愛因斯坦舉月球為例。他說，月球之所以環繞地球運轉，並不是受地球更大的質量所吸引，猶如一只皮球被繩子牽著旋轉似的。事實是：地球扭曲它周圍的空間，使空間變得彎曲，如此一來，月球實際上是遵循著慣性法則以直線行進，但卻沿著軌道環繞地球運轉。

此一說法意味著，在我們居住的這個宇宙中，空間並不是一直向外擴展延伸，無窮無盡。整個宇宙，是以一種極為神祕的方式，被它裡頭蘊含的所有物質所扭曲，變得彎彎曲曲。換句話說，如果我們沿著一條直線，朝同一方向行進，經過一段夠長的時間和距離，就會又回到出發點上。宇宙和空間確實是無窮無盡的，但卻也有其局限，就像一個巨大的膠囊。這就引發一個重大問題：這個宇宙外面究竟存在著什麼東西？是其他宇宙？抑或其他次元空間？

愛因斯坦進一步指出：外在時間也會受巨大的物體和速度影響而扭曲。把一只時鐘放置在引力場中，這個場子愈大，時鐘本身移動愈快，時鐘所顯示的時間流動就越緩慢。在很有名的一場思維實驗中，愛因斯坦證明，一個放置在以接近光速速度行駛的太空船中的時鐘，相對於地球上的時鐘，運行得比較緩慢。太空船中的乘客不會察覺這個差異，但在飛行的過程中，比起地球上的同胞，他們生理上的衰老會減緩很多。㉑

愛因斯坦也證明，光速是恆常不變的，不論在這速度上有無增加或減少任何額外的動作。舉例來說，假設我們搭乘一輛汽車，從車中往前扔出一只皮球，在這種情況下，皮球的速度就是車速加上被扔出去後皮球本身的速度；但光速並不是這樣。我們肉眼看得見的光，以及其他電磁現象，速度是每秒十八萬六千英里。假設我們搭乘某種交通工具，以每秒十八萬英里的速度前進，途中打開手電筒，往前照射，這時，從手電筒發射出去的光，它的速度並不等於光速本身加上我們行進速度的總和，而是仍舊維持在每秒十八萬六千英里。單單是這項發現，一旦被充分理解，就足以動搖舊有的機械宇宙觀，將它的基本假設推翻掉。

愛因斯坦聲稱，一個物體的質量和它所包含的能量，事實上可以依循 $E = mc^2$ 這一公式互相轉換。這可能是他所提出最具革命性的觀點。歸根究柢，愛因斯坦想證明的是，物質只不過是「光」的一種形式。[22]

愛因斯坦的理論和研究成果對傳統物理學界的衝擊，就像希臘神話中「潘朵拉的盒子」（Pandora's box）驟然間被打開。科學家遵奉的典範不再是牛頓的機械宇宙觀，一連串新發現開始證明，我們居住的宇宙竟然是那麼的神祕、奇妙。

㉑ 赫伯特，《量子現實：超越新物理學》（紐約，一九八五年）N. Herbert, *Quantum Reality: Beyond the New Physics*（New York: Anchor/Doubleday, 1985）。

㉒ 卡庫，《高次元空間》（紐約，一九九四年）M. Kaku, *Hyperspace*（New York: Oxford Univ. Press, 1994）。

第一批新數據是由量子物理學（quantum physics）的先驅——尼爾斯・波爾（Niels Bohr）、吳爾夫岡・保利（Wolfgang Pauli）和維爾納・海森堡（Werner Heisenberg）等人率先提出的。從古希臘時代開始，西方物理學界一直在尋找構成自然界的最基本單位；科學家把物質分解成愈來愈小的單位。原子的概念早已被確認，但當物理學家把原子分解成更小的顆粒——質子和電子時，他們才發覺這中間牽涉到的比例著實令人驚訝。誠如卡普拉指出的，如果我們把原子中的原子核看成跟一粒鹽一般大小，那麼，依照精確的原子構造比例，散布於原子核外的電子，就相當於數百英尺外（編註：原子核占原子質量的百分之九十九點九五，但體積卻只占10^{-15}）。

同樣令人震驚的發現是，在科學家觀察下，這些基本粒子所產生的行為，就像光本身。基本粒子時而以波的形式活動，時而以具有質量的物體顯現，端視科學家採取哪一種觀測方法而定。事實上，早在二十世紀初年，許多著名的量子物理學家，包括海森堡，就已注意到，觀察的動作和科學家的意圖，會直接影響基本粒子的存在和行為。[23]

漸漸地，物理學家們開始質疑，把這些東西稱為粒子，究竟是不是一種恰當的作法。它們的行為，無論怎麼看，都跟物質扯不上關係。譬如，如果分裂成兩半，它會變成兩個同樣性質、同樣大小的粒子，就像孿生兄弟一般。也許最令人訝異的是，這些基本粒子自有一套方法，能夠隔著一段時間和空間互通聲息，而這種現象在舊有的機械宇宙觀中是不可能發生的。實驗的結果顯示：如果一個粒子被分成兩半，而其中的一半在科學家操作下開始旋轉，那麼，另一半也會跟著旋轉起來——即使隔著遙遠的距離。[24]

根據這項發現，物理學家約翰．貝爾（John Bell）提出他那條現在非常有名的法則——「貝爾定理」（Bell's theorem）。他認為，原子實體一旦連結起來，就會永遠連結在一起，但從牛頓的觀點來看，這簡直就是天方夜譚。最近物理學界發展出的「超弦」（super string）和「高次元空間」（hyperspace）理論，為這個觀點增添了更強烈的神祕色彩。這派學者心目中的宇宙十分微小，卻包含了多次元空間；其中物質和能量，都可簡化成純粹的、有如弦線一般的振動。㉕

一如預期，物理學家所描繪的宇宙新面貌，開始影響到其他學科，尤其是生物學。作為舊有典範的一部分，生物學早已將生命簡化成機械式的化學反應。多年來，生物學家習慣從達爾文機械主義進化論的觀點，看待、解釋地球上各種生命形式的存在——包括人類，而壓根兒不提精神層次的東西。

從某種角度看，地球上的生命確實是從較小的形式進化到較大的形式，這點無庸置疑；化石紀錄就是明確的證據。然而，物理學家所描繪的嶄新而神奇的宇宙，卻使我們開始懷疑，達爾文對物種進化世俗的、物質的看法，究竟有多可靠。

根據達爾文的觀點，物種進化的過程中，突變（mutations）的現象會以散漫、隨機

㉓ 赫伯特，《量子現實》。
㉔ 同前。
㉕ 卡庫，《高次元空間》。

的方式發生在物種後裔身上，從而賦予這些子孫略微不同的特徵。假使某種特徵有利於物種生存，那麼，擁有這種特徵的子代，存活的機率就比較大；久而久之，這個新特徵就會成為這個物種的共同特質。譬如，根據達爾文的說法，現代長頸鹿的少數幾個祖先，莫名其妙地生長出一根長長的脖子，而由於這個突變有利於生存（脖子夠長，能夠採集高處的食物），因此這些成員的子孫，存活率都較其他成員的子孫來得高；結果是，這種動物全都有長長的頸脖。

在一個世俗的、不具任何神祕色彩的宇宙中，物種的進化只能以這種方式來認知，但現在我們卻發現，這種論點其實存在著很多問題。譬如，最近的研究數據顯示，一個漫無目的、輕率隨便的進化過程，肯定會十分緩慢；物種必須花費更長時間，才能演進到目前這個階段。另一個盲點是，現有的化石紀錄並未顯示物種進化過程中曾經出現過所謂的「失落的環節」或過渡性生物；而如果達爾文的進化論是確實可靠的，那麼，這一類生物就應該存在，以反映物種從一種形式演進到另一種形式的緩慢、漸進過程。[26]

毫無疑問，多細胞生物出現在單細胞生物之後，而爬蟲類和哺乳動物，也得等到魚類和兩棲動物發展後，才有可能出現在地球上。然而，整個進化的過程，似乎是從一個已經充分成形的物種，一下子跳到下一個，而且在同一時間，世界各地都不斷有新物種出現。新物理學所揭露的宇宙神祕面貌顯示，也許，比起達爾文所想像的情況，物種的進化其實是以更具目標、更有意義的方式進行。

除了生物學之外，新物理學也開始影響許多其他學科，尤其是心理學和社會學，因為它急遽地、徹底地改變了我們對外在環境的看法。我們不再認為人類是生活在一個由堅實、固定物質建構成的單純世界中；如果我們保持清醒，就會察覺周遭的每樣東西都是一種神祕奇妙的、不停振動的「能」和「光」——包括我們自己在內。

瀰漫宇宙的「能」、「氣」和人類能場

西方新物理學的宇宙觀和東方哲學——諸如印度教、佛教和道家——所描繪的現實有共通之處。在新物理學家們看來，由物質和形式構成的這個世界，其實是一個巨大的量子能場，涵蓋宇宙中的一切東西。在物體的表面下，並沒有所謂的自然界基本建材，有的只是由「能」的各種關係所組合成的一個縱橫交錯、互相串連的網絡。

東方各大宗教哲學，基本上對宇宙也持同樣的看法，但他們並不是透過客觀的實驗來達成這個結論，而是經由千百年的內心自省。東方思想家宣稱，我們眼睛所看到的宇宙，本質上是一個不可分割的整體，其中流動著一股生命力或精氣——這是我們所能體驗到的。

這些東方宗教，雖然各自有一套方法來幫助人們跟更大的宇宙建立更緊密的關係，

㉖ 黎基，《人類的根源》（紐約，一九九四年）R. Leakey, *The Origin of Humankind*（New York: Basic Books/HarperCollins, 1994）。

但它們都認為，人類固然跟這種奇妙的「能」——印度人稱之為「普拉納」（prana），中國人管它叫「氣」——具有密切的關係，但通常無法達到它的最高層次。這些東方宗教試圖用一些訓練，例如打坐和氣功，來喚醒這種關係，據說效果極為驚人。有些瑜伽師父能夠展示令人咋舌的神奇力量、伸縮自如的身體控制、忍受酷熱和嚴寒的能耐。[27]

有些東方教派相信，我們可以用肉眼觀測到人體內循環流通的能量，它以環繞人體的一圈光芒或氣氛的形式顯現。乍看之下，這個能場就像一團彩色光芒，從每一個人身上散發出來，而這團光芒的獨特形狀和色調，即是反映這個人的內在本質。

到了一九五〇年代，新物理學倡導的宇宙觀開始在媒體中傳播。驟然間，這些建立在內心自省、被西方人認為詭祕玄奧的東方宗教哲學，開始被西方心理學家和社會學家接納。東方人早就創造了一個體系，讓人類的潛能無限制地、無遠弗屆地發揮。這些觀念流傳到歐美之後，西方那一套舊有的典範就開始進一步崩解、分裂。新物理學已經讓我們看到一個嶄新、神奇的宇宙，而今，相似的運動即將在人文學科中展開。不久之後，我們肯定會看到自己的新面貌。

人類潛能運動

二十世紀中期，西方心理學的焦點，在於探討人類的心靈和外在行動之間的關係；換言之，就是研究人的行為。遵循牛頓樹立的典範，心理學家一直在尋找一個能夠將人類行為簡化，以契合機械宇宙觀的公式或原則，行為主義的「刺激／反應」模式，就是由此產生的。

當時，人類心理學的另一種主要研究方法，正遵循佛洛依德（Sigmund Freud）建立的病理學模式在精神醫學中進行。身為十九世紀末的思想家，佛洛依德深入探索人類心靈結構，把他的理論建立在簡約的、能夠被機械宇宙觀接受的生物觀念上。

佛洛依德率先指出，童年的精神創傷往往會造成心理的恐懼和神經質的反應，而一般人通常並未察覺到這點。他的結論是：人類行為的動機其實很單純——追求快樂，避免痛苦，而這正是人類本能的欲求。

一九五〇年代末期，新物理學揭開了宇宙的神祕面紗，東方哲學流傳到歐美，西方哲學展開「存在主義」和「現象學」雙重運動。在這三股力量交互激盪影響下，西方心理學的理論發展進入第三個階段。這波新思潮是由亞伯拉罕．馬斯洛（Abraham Maslow）領導。他結合一群思想家和作家，提倡對人類的意識進行更完整、更徹底的研究。[28]

這批學者認為，行為主義太過抽象，而佛洛依德的理論又過度關注昇華的性欲望，

[27] 穆菲，《身體的未來》（洛杉磯，一九九二年）M. Murphy, *The Future of the Body*（Los Angeles: J. P. Tarcher, 1992）。

[28] 戈柏，《第三勢力》（加州巴薩迪納市，一九七〇年）F. Goble, *The Third Force*（Pasadena, Calif.: Thomas Jefferson Center, 1970）。

因此，他們轉而研究心靈本身，將焦點集中在知覺（perception）上。在這方面，他們深受東方哲學影響。東方哲人以內省的方式探討人類的意識，而這也正是一般人，不分東西方，實際體驗自身意識的方法。在日常生活中，我們透過感官觀察外在世界，根據記憶和期望詮釋周遭正在發生的事情，遵循思維和直覺的指引採取因應的行動。這種新的心理學研究方法被稱為「人本主義」（humanism）。一九六〇和七〇年代，它飛躍發展，風靡一時，蔚為西方心理學主流。

人本主義者並不否認，一般人往往並未意識到自己的行為動機。他們同意，一般人並不喜歡擴展自身的經驗；這些人經常重複固定的「腳本」和反應模式，以紓解內心的焦慮不安。但人本主義者也認為，人們應該拓展心靈視野，超越「腳本」，敞開胸懷，接納更高層次的人生經驗。

這種新觀點，使榮格的著作重新受到重視。這位瑞士心理分析家在一九一二年和佛洛依德決裂，分道揚鑣，獨自發展出一套學說，包括前文提到的「同步」理論。根據榮格的說法，每當我們把目光投向外在世界時，我們內心所渴求的，並非如佛洛依德所說的那樣，僅僅是避免痛苦、追求最大快樂而已——儘管我們隱約覺得似乎是如此。榮格認為，人類最大的願望，是心理上的成熟和內在潛能的自我實現。

在這樣的追求過程中，我們會遵循早已銘印在腦海中的途徑，榮格稱之為「原型」（archetypes）。在心理成長的過程中，我們認知這些原型、激發這些原型，一步一步朝自我實現的境界邁進。成長的第一個階段是「分化」（differentiation）——開始從自身所屬的文化環境中察覺到自己的存在、發展出個人的特質。這意味著我們必須在從小認識的世界中，找到一個適當的棲身處所；這道程序包括接受教育、評估我們的經濟處境、尋找一個謀生的方法。

在這過程中，我們加強自身的自尊和意志，以一種有條有理、合乎邏輯的方法詮釋生活中的事件，取代以前那套學來的自動反應模式。這種詮釋事件的方法，幫助我們站出去，延伸自我，成為一個具有獨特觀點、獨特個性的人。置身在這個階段的我們，最初看起來似乎有點自我陶醉（自私），甚或自我膨脹（利己），但最後卻能充分激發榮格所說的「英雄原型」（the Hero archetype）。

在這個階段，我們已經做好準備，打算在文化中一展身手，發揮所長。我們感到非常驕傲，意氣風發，信心滿滿。

我們繼續成長，度過了「英雄」階段，開始激發榮格所說的「自我原型」（the Self archetype）。在這個階段中，我們擺脫了建立在「操控我們的環境」這一企圖上的自我觀念，進入一個比較內省的意識。在那兒，直覺和邏輯變成了夥伴，攜手合作，而這個階段的人生目標，也比較能夠契合我們內心的憧憬和真正的願望。

榮格所說的「自我實現」，指的就是這個階段。就在這兒，他談到了如何在更高的層次上認知、體驗人生中的「同步」事件。雖然我們在人生的每一個階段中都會遭逢這類事件，但卻往往跟它擦肩而過，視若無睹，一直要到這個時期，這種深具意義的機緣巧合，才會給我們的人生帶來重大的啟發。

在這個階段中，人生的事件開始回應我們的成長願望和需求，而同步事件（機緣）也以愈來愈高的頻率出現在我們生活中。㉙

在榮格指引下，我們終於看清楚，在成長的過程中，人們是如何陷身在某個階段中，不克自拔。遵循一連串的研究發現——從佛洛依德和奧圖・蘭克（Otto RanK）到諾曼・布朗（Norman O. Brown）和厄尼斯特・貝克，我們找到了問題的核心。原來，一般人總喜歡為自己創造一套信念和行為（腳本），然後緊緊依附著它，藉此將焦慮感驅逐出意識之外。這些信念和行為五花八門，從戀物狂和各種怪癖，到偏執的宗教信仰和哲學信念，不一而足，但它們有個共同點：頑強固執，強烈排斥任何理性的思維和論辯。

人本主義心理學家進一步發現，人類社會有一個特徵：為了維護自己的「腳本」，人們展開無休無止、非理性的權力鬥爭。一群思想家，包括貝特森（Gregory Bateson）和賴恩（R. D. Laing），開始探討這一類權力鬥爭的本質和過程。㉚

其中一個重大發現，被稱為「雙困效應」（double-bind effect）。在這種鬥爭中，人們為了主導人際互動，往往刻意貶抑、打壓對方提出的觀點和意見。賴恩指出，一旦父母親將這種習慣灌輸到孩子身上，悲劇性的後果往往就會發生。孩子說的每一句話、做的每一件事，倘若都遭受批評，這個孩子肯定會退縮回自己的世界中，採取極度的防衛態勢，並且漸漸發展出一套偏激的反應模式，意圖反擊。這些兒童長大後，他們的防衛心態和主導人際交往的欲望，往往會促使他們在無意中採用「雙困」伎倆來迫使別人——尤其是自己的孩子——陷入困境，進退不得。如此一來，這種行為模式就會一代一代傳承下去，變成惡性循環。

研究人類互動模式的這批心理學家發現，這種交往和溝通方式，普遍存在於人類社會中，形成一種惡質文化——為了自我防衛，每個人都試圖操控和宰制別人。在這種情況下，自我實現的願望和更高的創造力就會被擠壓到一旁，無法獲得充分發揮。因為人人都忙著從事權力鬥爭，一心只想操控別人，加強自己的「腳本」，根本沒有工夫敞開胸懷，探尋、接納蘊藏在人生經驗和人際互動中的種種機緣。

往後數十年中，這些研究成果和發現流傳極廣，尤其是在美國。艾瑞克．柏恩（Eric Berne）醫生於其著作《人們玩的遊戲》（*Games People Play*）中，以翔實、具體的例證，描述人類最常用的幾種「腳本」和操控伎倆。湯瑪士．哈瑞斯（Thomas Harris）的《我好，你也好》（*I'm OK/You're OK*），則教導人們如何用人際互動分析（transactional analysis）來探討日常對話的本質，幫助人們以更成熟、理智的方式進行交往和互動。㉛在這些心理學家倡導下，對人類互動模式和本質的新認知開始滲透我們的文化，促使我們面對一個事實：我們每個人都有能力超越這些惡習。

㉙ 普羅戈夫，《榮格：同步事件與人類命運》（紐約，一九九三年）I. Progoff, *Jung: Synchronicity and Human Destiny*（New York: Julian Press, 1993）。

㉚ 賴恩，《分裂的自我》（紐約，一九六九年）R. D. Laing, *The Divided Self*（New York: Pantheon, 1969）。

㉛ 柏恩，《人們玩的遊戲》（紐約，一九八五年）E. Berne, *Games People Play*(New York: Ballantine, 1985)；哈瑞斯，《我好，你也好》（紐約，一九六九年）T. Harris, *I'm OK/You're OK*（New York: HarperCollims, 1969）。

人本主義者認為，人類有能力追求更高層次的經驗和意義。這個觀念在美國風行之際，人類生存的奧祕本身，也變成一個熱門話題，在人本主義思想家之間引起廣泛、熱烈的討論。就在這個時候，達爾文的進化論重新受到檢視和評估。皮耶·泰哈德·德日進（Pierre Teilhard de Chardin）和史里·奧洛賓度（Sri Aurobindo）指出，物種的進化不是武斷、隨意的，而是朝向一個明確的目標發展。這些思想家認為，生物從早期微生物演化到更複雜的動物和植物的整個過程，是具有目的的；人類並不是自然界的意外產物；社會的演進，包括人類朝向更高層次心靈經驗和精神境界邁進的過程，是物種進化的共同目標。[32]

當代理論家魯伯特·謝綴克（Rupert Sheldrake）對生命提出新看法，支持人本主義思想家的主張。根據謝綴克的生命理論，生物是由「形體發育場」（morphogenic fields）創造、維持的。這些場子本質上是游移不定的，它們先是創造一個肉眼看不見的結構，然後經由一段分化和專門化的過程，發展出分子、細胞和器官，最後終於創造出某種生命形式。更重要的是，這個場子會隨著時間逐漸進化——物種的每一個世代，不僅被這個根本的場子所規範，還會因應在生存環境中遭逢的各種挑戰，而一再修正、改良這個場子。

譬如，為了更能適應生存環境，繁衍子孫，魚必須發展出新的鰭，這樣就能游得更快。根據謝綴克的說法，魚的意志會促使這個物種的「形體發育場」產生變化，進而使其後代生長出牠所希望的那種鰭。根據這個理論，化石紀錄中所出現的斷層（一個物種突然從一種形式進化為另一種形式），可能就是在這種情況下發生的——某一個物種的成員們創造出一個「形體發育場」；這個場子不但為此一物種增添新的特徵，有時也會促使它變成一個完全不同的嶄新生命形式。譬如，某一類的魚在水中已經發展到進化的極限，於是，牠們繁衍出一群實際上是新物種的子孫——能夠爬行到陸地上的兩棲動物。

謝綴克認為，這樣的進化過程也可以用來解釋人類社會的演進。在整個歷史中，我們人類，就像其他生物，一直努力擴展我們的知識，朝向更高的人生境界演進——更了解我們的生存環境、更能實現我們的內在潛能。在任何一個時期，人類的能力和知覺都受到共同的「形體發育場」所規範、界定。每當某些個體實現其特殊潛能——跑得特別快、心思特別敏銳、第六感特別發達等等，不僅就這幾個人而言，也就全人類而言，這個場子就往前推進了一步。這就是為什麼人類歷史上的重大發明和發現，往往是由好幾個互不相識的人不約而同地提出。

就是在這兒，現代物理學的研究成果，開始和科學家們最近對人類的祈禱與意圖所做的研究結合、融會在一起。我們發現，我們跟宇宙緊密地連結在一塊，彼此之間互相依存，而我們的思維對周遭世界的影響，遠比任何人所想像的要強勁得多。

㉜ 泰哈德・德日進，《人的現象》（加州聖伯納迪諾市，一九九四年）P. Teilhard de Chardin, *The Phenomenon of Man*（San Bernardino, Calif.: Borgo Press, 1994）；史里・奧洛賓度，《史里・奧洛賓度主要著作選集》（加州羅迪市，一九九〇年）Sri Aurobindo, *Major Works of Sri Aurobindo*（Lodi, Calif.: Auromere, 1990）。

靈性宇宙

過去數十年間，心理學研究人員開始認真探討，人類的意念對物質宇宙究竟會產生怎樣的影響。最初的一些研究成果，出現在「生理回饋」（biofeedback）這個領域。數以百計的研究顯示，我們可以影響許多以往被認為是完全受自律神經系統（autonomic nervous system）所操控的身體功能，包括心跳速度、血壓、免疫系統和腦波。我們所能觀察到的每一種生理機能，在某種程度上幾乎都會受意志所影響。[33]

最近的研究進一步證明，人類意志的影響力遠遠超出「生理回饋」的範疇。我們的意念也可以影響別人的身體和心靈，甚至改變外在世界所發生的事件形態。新物理學的研究成果顯示，人類彼此聲氣相通，這種連結能夠超越時空的限制。針對基本粒子運作方式所制定的「貝爾定理」，似乎也適用於人類的思維和意念。

宣揚這個新觀點最有力的一位學者是賴瑞．杜賽。他出版了一系列著作，專門探討人類的意圖和祈禱所可能產生的力量。書中，他檢視過去到現在的研究成果——從邁爾斯（F. W. H. Myers）到李山（Lawrence LeShan），從萊恩（J. B. Rhine）到普林斯頓大學工程變異研究實驗室（Princeton Engineering Anomalies Research Laboratory）——將所有證據加以整理、臚列，呈現在讀者眼前：人類的意志確實可以穿透空間（有時也可以穿越時間），影響外在的世界。[34]

在《尋回靈魂》（*Recovering the Soul*）一書中，杜賽提到一項研究：研究人員將一群受測者聚集一堂，測試他們隔著遙遠空間接收訊息的能力。研究人員要求這些人解讀另一個人在另一個地點隨意塗寫的一張卡片，結果這群聚集在數百英里外的受測者，不但能以極高的準確率（高到不像是誤打誤撞）讀出卡片所傳達的訊息，更往往能在卡片準備好之前就接收到這項訊息。

在其他幾項旨在進一步測試這種能力的實驗中，受測者能夠精確辨識一部機器在另一個地點隨便挑選出的一組數字——甚至是在數字被挑選出之前。這項實驗和其他類似的研究，意義非比尋常，因為它證實了我們很多人一再感受到、體驗到的能力。人類不但能夠以心電感應的方式互通聲息，而且還擁有某種預知的能力；對即將發生的事件，尤其是那些會影響我們生活和身心成長的事件，我們似乎能夠憑著第六感預知它會發生。㉟

人類的這種能力，甚至還能產生更驚人的效果。我們不但能夠透過內心接收與這個世界有關的訊息，也能利用內心力量影響這個世界。杜賽書中提到蘭道夫・柏德（Randolph Byrd）醫生在舊金山綜合醫院（San Francisco General Hospital）主持的一項如今已經名聞遐邇的實驗。在這項研究中，一組義工替一群心臟病人祈禱，另一群情況相

㉝《生理回饋：原始資料指南》（紐約，一九九一年）*Biofeedback: A Source Guide*（New York: Gordon Press, 1991）。

㉞杜賽，《癒療語言》（紐約，一九九三年）L. Dossey, *Healing Words*（New York: HarperCollins, 1993）。

㉟杜賽，《尋回靈魂》（紐約，一九八九年）L. Dossey, *Recovering the Soul*（New York: Bantam, 1989）。

似的病人則沒有接受祈禱。[36]根據杜賽的報告，接受祈禱的那群病人，需要抗生素的比例，比未接受祈禱的病人少五倍，肺部出現積水的情況也少三倍。此外，接受祈禱的病人中，沒有一個需要人工呼吸器，相較之下，未接受祈禱的病人中，有這種需要的卻有十二位之多。

杜賽引述的其他研究和實驗顯示，人類的意志和祈禱所產生的力量，也能夠在其他東西身上發揮類似的效能——植物（提高種子的萌芽率）、細菌（增快生長速度）、無生物（影響保麗龍球掉落在地面時的不規則彈跳模式）。[37]

杜賽提到的實驗中，有一項成果格外耐人尋味。我們利用意志影響世界的能力，在以下兩種情況中固然都能發揮功效，但是，非命令式的意圖（期望「最好的情況」發生，但不加入個人意見），比命令式的意圖（期望某種特定的情況發生）更能產生良好的效果。這似乎顯示，在人類和宇宙的關係中，彷彿存在著某種原則或法則，用來約束人類的自我，免得它過度膨脹。

杜賽引述的研究也顯示，我們必須對接受祈禱的那個人有某種程度的認識；而經由跟神連接或跟更高層次的自我連接所引發出來的意念和祈禱，效果似乎最好。此外，實驗的結果似乎證實，我們的意念會產生累積的效果。換言之，接受長時間祈禱的人所得到的益處，比接受短時間祈禱的人多得多。

更重要的是，杜賽引述的研究顯示，如同比較明確的意圖和祈禱會發生作用，人類的一般意念和假設也會影響這個世界的運作。有名的橡樹中學（Oak School）實驗，就是一個典型的例子。在這項實驗中，研究人員告訴老師，測驗顯示，某些學生這學年的成績會進步最多。但事實上，這群學生是隨意挑選出來的。學年結束時，這些學生的成績果然有了長足的進步，不僅僅在學業上（這也許是因為老師特別注意這群學生，把更多心血花在他們身上），而且，在智商測驗上，他們的分數也提高了不少。[38] 換言之，老師對學生的臆想和假設，確實會影響學生們的學習潛能。

不幸得很，人類的意志力有時也會產生負面的功能。在最近一部著作《小心祈禱，說不定它會應驗》（*Be Careful What You Pray For, You Just Might Get It*）中，杜賽引述的一些研究和實驗證明，無意識的假設和意念，有時會傷害到別人。例子之一是：還沒弄清楚事情的原委和真相，我們就開始祈禱，希望這個人改變他的心意或停止他現在做的事情；結果，我們心中的意念傳達了出去，進入那個人的心靈，使他產生自我懷疑。當我們對一個人的外表或行為有負面想法時，同樣的效果也會發生。通常，這種意見我們不會直接向別人表達，可是，由於人類彼此之間聲氣相通，這些意念終究會投射出去，就像一把匕首，刺入對方的心靈，影響他對自己的看法，甚至實際的行為。[39]

---

36 杜賽，《癒療語言》。

37 杜賽，《尋回靈魂》。

38 同前。

39 杜賽，《小心祈禱，說不定它會應驗》（舊金山，一九九七年）L. Dossey, *Be Careful What You Pray For, You Just Might Get It*（San Francisco: HarperSan Francisco, 1997）。

當然，這也意味著我們能以無意識的念頭，消極地、負面地影響自己的處境。如果我們以負面的態度看待自己的能力、相貌和事業，這些意念會以一種非常真實、非常具體的方式，影響我們的感受和心情，有時甚至會趕走發生在我們身上的機緣。

體驗新現實

這兒，我們看到了新科學展示在我們眼前的一幅更遼闊、更壯麗的圖畫。如今，每回我們走出屋子在庭院中散步，或徜徉在陽光明媚的公園中欣賞鳥語花香，我們看到的是一個簇新的世界。我們不再把宇宙看成一個不斷向外擴展延伸、無窮無盡的東西。現在我們知道，在物質上，宇宙固然是無限的，但它卻會彎曲，使它變得「有限」。我們居住在一個時空氣泡中；憑著直覺，我們體察到其他次元空間的存在，就像那些研究高次元空間的物理學家。如今，每回我們望望周遭，看看存在於這個宇宙中的所有形體，我們看到的不再是堅實的物質，而是一種名叫「能」的東西。天地間的一切，包括人類，只不過是一個能場或光場，不停交互激盪，互相影響。

事實上，科學家所描繪的宇宙新現實，有一大部分早已被我們自身的經驗所證實。譬如，在某些時刻，我們會察覺到別人知道我們心裡正在想什麼；有時，我們也會發覺，我們知道別人心裡的念頭，甚至曉得他準備說什麼話。同樣的，有時候我們會預感到某種事件即將發生，或可能發生。跟隨這個預感而來的，往往是一種直覺；它告訴我們，應該往哪兒走或應該做些什麼事，以捕捉出現在我們眼前的人生機遇。最重要的是，我們現在曉得，我們對別人的態度和意圖，有時會產生重大的效應。在往後各章中，我們將會發現，一旦我們以積極、正面的態度和方式進行思考，在思維過程中提升自己和別人的性靈，神奇美妙的事件就會開始發生。

我們的職責是：身體力行，把這一切落實在日常生活中，使它變成我們生命的一部分。我們居住在一個靈性的、跟我們息息相通的、充滿能量和活力的宇宙。在這個世界中，別人的期望和意念會從他們身上投射、散發出來，影響我們的生活和福祉。

因此，在落實新心靈覺知的過程中，下一步，我們應該以客觀的態度和清澈的眼光，觀察這個由能量、願望和戲劇組合成的人類社會，學習如何以更有效、更適切的方式走過人間，完成我們這一生的使命。

5 消弭權力鬥爭

研究人類互動模式的心理學家已經發現，由於內心一種深層的、攸關生存的不安全感，人們習於互相競爭，利用各種方法試圖凌駕對方、操控對方；這項發現是現代心理學的一大成就。然而，為了進一步闡明促使這種現象發生的心理因素，我們必須轉向東方哲學。

科學和玄學方面的研究都顯示，人體本質上是一個能場。但東方哲學家認為，我們日常的能量非常脆弱、呆滯，因此人類必須敞開胸懷，吸納存在於宇宙中純粹、絕對的能。胸懷一旦敞開，我們體內的「氣」——在西方，我們管它叫「量子能量」（quantum energy）——就會大大地提升，從而消弭我們內心深處的不安全感。但若無法敞開胸懷，我們就只能四處搜尋，設法從別人身上竊取能量。

首先，讓我們看看，當兩個人展開互動時，他們之間究竟發生了什麼事情。西方玄學有句老話：注意力轉向哪兒，能量就流向那兒。因此，一旦兩個人同時把注意力轉向對方，他們的能場就會融合在一起，能量也彼此匯集。於是，這兩個人馬上得面對一個問題：到底由誰來控制這一堆能量？如果其中一人能夠凌駕對方之上，迫使對方接受他的觀點，透過他的眼睛觀看周遭的世界，那麼，這個人就能夠把這一堆能量據為己有。這時他就會感到無比亢奮、安全、滿足，甚至覺得非常幸福、快樂。

問題是，這種滿足感的獲取，是以犧牲對方為代價。被你騎在頭上的那個人會感到手足無措、焦慮不安、渾身虛弱，彷彿體內的能量剎那間都流失了。㊵我們每個人一生中都曾有過這種感覺。當我們被迫服從那個故意混淆我們、使我們出糗、讓我們手足無措的傢伙，我們肯定會感到非常沮喪，就像一顆突然洩了氣的皮球。在這種情況下，我們的反應當然是：從對方身上把失去的能量給奪回來，必要時不惜採取任何手段。

這種心理競爭和支配，發生在人類社會的每一個角落；它是人間一切非理性衝突——小自家庭糾紛，大到兩個文化和國家之間的對決——的根源。如果我們肯面對事實，好好觀察一下這個社會，我們會發覺，它是一個巧取豪奪、徵逐能量的世界；每個人都各自以非常巧妙（往往無意識）的方式，試圖操控別人，凌駕對方之上。在新宇宙觀的指引下，我們發現，人類在這場鬥爭中使用的伎倆——套用一位學者的說法，「人們玩的遊戲」——大部分是我們對人生的基本假設和看法所造成的。換言之，這些假設和

㊵ 賴恩，《自我和別人》（紐約，一九七〇年）R. D. Laing, *Self and Others*（New York: Pantheon, 1970）。

看法左右一個人的意圖。

我們跟別人展開互動時，必須把這一切記在心裡。每個人都是一個能場，由一套信念和假設構成，從我們身上投射出去，四下散開來，影響這個世界的運作。這些信念包括了你對別人的看法，以及你想以什麼方式贏得這場互動。

在這方面，每個人都有自己獨特的一套看法和互動模式，我把它稱為「控制戲」（control dramas）。根據我的觀察，在人間不斷上演的這種「戲劇」，可以放在從「最消極」到「最積極」的光譜上去分類、檢視。

乞憐者

最消極的一種控制戲，採取的是受害者策略——我把它稱為「乞憐」（Poor Me）。演出這一類戲的人，不會跟別人直接爭奪流通在人間的能量；相反地，他會利用、操控別人的同情心，爭取別人的注意和憐憫。

一進入「乞憐者」的能場，我們就會感到很不對勁，會覺得自己突然被拉扯進一場莫名其妙的對話中，整個人失去重心。沒來由地，我們心中忽然湧起一股罪惡感，那種感覺，就像被對方逼迫扮演我們不想扮演的角色。這個人會說：「唔，我以為你昨天會打電話給我，結果你沒打。」或者：「我最近遇到很多不順利的事情，四處找你都找不到。」甚至會補上一句：「還有更多悲慘的事情會發生在我身上，到時候，肯定又找不到你了！」

這種控制戲所使用的臺詞形形色色，不一而足，端視我們和乞憐者的關係而定。如果這個人是我們的同事，他可能會向我們抱怨工作太過繁重，每天都在趕時間交差，而我們卻袖手旁觀。如果這個人是泛泛之交，他也許會設法把你扯進一場談話，喋喋不休，抱怨這年頭社會愈來愈亂，景氣愈來愈不好，日子愈來愈難過。乞憐者的花樣很多，但基本調子和策略其實是相同的。他們總會設法打動你的同情心，所說的每一句臺詞、做的每一個動作，目的都是要讓你感到愧疚，覺得自己應該為他的遭遇負責。

「乞憐戲」的策略，很明顯的是要讓我們無法平靜，在我們心中製造一種罪惡感或自我懷疑，從而竊取我們身上的能量。在這種罪惡感操控下，我們被迫透過對方的眼光看待他們的世界。一旦我們被扯進這齣戲中、扮演乞憐者要我們扮演的角色，對方就會感覺到你的能量轉移到他們身上，因而安全感大增，覺得更有自信心。

記住：這種戲劇幾乎全都是無意識的。它源自童年時期形成的個人世界觀和操控別人的策略。在「乞憐者」心目中，這個世界很不可靠，所以我們不能仰賴別人來滿足自己對身心福祉的需求；這個世界也太過險惡，因此也不能冒險採用直接或積極的手段來滿足自己的需求。在乞憐者的戲劇世界中，唯一合情合理的演出方式就是採取低姿態，裝出一副可憐兮兮的模樣，以打動別人的同情心，迫使別人產生罪惡感。

不幸得很，由於這些無意識信念和意圖對周遭世界所產生的影響，通常，「乞憐者」最害怕的那種「惡人」，也正是他們主動引進生命中的那幫人。由此招惹來的禍害，往往會造成心靈上的創傷。你心中期待怎樣的一個世界，宇宙就會以那樣的世界回應你；在這種情況下，人間演出的「控制戲」往往就會變成一種循環，生生不息。糊裡糊塗地，乞憐者掉進了一個惡性循環中，不可自拔。

如何應付「乞憐者」？

面對乞憐者，我們必須提醒自己：「控制戲」的目的是獲取能量。因此，一旦開始和乞憐者交談，我們便應該主動地、有意識地將能量提供給對方，這是破除「乞憐戲」最便捷的途徑（傳送能量的方法和程序，留待第九章討論）。

接著，我們必須反躬自省：乞憐者在我們心中激起的罪惡感，究竟有沒有道理？誠然，在日常生活中，我們常常會因為讓某人失望而感到自責，也常常覺得應該同情遭遇困難的人，但這種自責或同情應該發自我們的內心，不該由別人主導。只有我們自己才能決定，什麼時候、到什麼程度，我們應該負起一己的責任，幫助需要照顧的人。

一旦我們把能量提供給乞憐者，並察覺到自己正在面對一場上演中的「控制戲」，下一步，我們就應該揭穿對方所玩的遊戲，把這齣戲當作話題，公開拿出來討論。㊶一旦被引進意識中或攤在桌面上，無意識的遊戲就會中斷，再也玩不下去了。我們不妨先發制人，對乞憐者說：「你知道嗎，這會兒我感覺到，你好像以為我應該感到愧疚。」

這樣做需要勇氣，因為當我們決定以坦誠的態度面對乞憐者時，對方也許會誤以為我們嫌棄他。在這種情況下，對方的反應通常是：「哦，我早就知道你不是真的喜歡我。」有時，對方會覺得自己受到侮辱，感到非常生氣。

切記，遭遇這種狀況時，最要緊的是設法讓對方平靜下來，耐心聽完你的話。要讓這一招發揮效果，在交談的過程中，我們就必須將對方所需要的能量，不停地傳送給他。更重要的是，我們必須貫徹到底，不屈不撓，改進我們跟對方的關係，提高這種關係的品質。說不定，對方會耐心聽完我們的話，接受我們對「控制戲」的分析和看法，從而打開心扉，迎納更高層次的自我覺知。

冷漠者

比起消極的乞憐者，冷漠者（the Aloof）演出的控制戲稍微積極一些。當我們和別人展開交談，卻發現對方總是閃爍其辭，我們就知道自己進入了一個冷漠者的能場。冷漠者跟別人交談時，總是顯得很孤傲、冷淡，讓人覺得莫測高深。如果我們探詢他的背景和經歷，他會含含糊糊回答我們：「我去過幾個地方。」

為了讓交談繼續下去，我們不得不追問：「唔，你到底去過什麼地方呢？」而我們得到的回答不外乎是：「很多地方。」

這兒，我們很清楚看到「冷漠者」採取的策略。冷漠者刻意創造出一種朦朧、神祕

㊶ 柏恩，《人們玩的遊戲》（紐約，一九八五年）E. Berne, *Games People Play* (New York: Ballantine, 1985)。

的氛圍，把自己遮藏起來，迫使我們投入大量的能，挖掘通常在閒聊中就可獲取的資訊。在這種情況下，我們會把全副心思放在這個人身上，透過他的眼光觀看周遭的世界，試圖了解他的身世背景，如此一來，我們身上的能量就會如他所願地朝他那兒流過去。

但我們必須記住，不是每一個閃爍其辭、拒絕提供個人資料的人都是在搬演「冷漠戲」。有些人也許因為某些原因必須隱姓埋名。每個人都享有隱私權，他們有權決定到底要跟別人分享多少資訊。

把冷漠當作一種策略以攫取能量，卻完全是另外一回事。對扮演「冷漠者」角色的人來說，它是一種操控別人的手段——誘引我們進入他們的世界，同時又拒我們於千里之外。如果我們斷定這個人不想和我們交談，於是把注意力轉向別的地方，這時，「冷漠者」往往會主動回來和我們攀談；他們會說出一些話，吸引你繼續和他們交談，讓你身上的能量繼續流向他們那兒。

一如「乞憐者」，「冷漠者」的策略和手段是在童年時期形成的。冷漠者通常自小就無法隨心所欲地與別人交往，分享心中一切，因為這樣做很危險，會帶來可怕的後果。在那樣的環境中，冷漠者學會在說話時含糊其辭，以誘使他人傾聽自己的談話，從別人身上攫取能量。

和乞憐者一樣，冷漠者的策略是建立在一套無意識的、對周遭世界的假設和看法上。在冷漠者心目中，這個世界充滿不值得信任的人，他無法和他們分享私密的個人資訊。冷漠者擔心，這些資訊一旦洩漏出去，說不準什麼時候會被有心人拿來對付自己、批判自己。同樣的，這套假設也會從冷漠者身上散播開來，影響日常生活中發生的事件，因而實現他們心中那份無意識的意圖。

如何應付「冷漠者」？

要有效應付扮演「冷漠戲」的人，我們必須像對付乞憐者一樣，一開始就向他們傳送能量。把愛的能量輸送給冷漠者，而不刻意採取防衛態勢，能夠紓解對方所承受的壓力，促使他們停止採用操控手段對待我們。壓力一旦解除，我們就可以揭穿對方所玩的遊戲，坦誠和他們溝通，讓他們察覺自己扮演的這齣戲，公開檢視和討論。

一如對付乞憐者，我們可以期待兩種截然不同的反應。首先，遭受我們質疑的冷漠者可能會逃離這一場互動，切斷一切溝通管道。當然，這是我們必須冒的風險，因為如果不採取斷然措施，這場遊戲肯定會繼續玩下去，沒完沒了。在這種情況下，我們只能期望自己的坦誠會帶來新的互動模式，最終使對方有所自覺。

冷漠者的另一種反應是，繼續和我們溝通，但矢口否認自己故意裝出一副莫測高深的樣子。在這種情況下，我們必須探究其說詞是否屬實。如果我們對自己的認知有信心，就應該堅守立場，繼續和他對話，希望能透過適當的溝通，建立一套新的互動模式。

審問者

比較積極的一種控制戲是由審問者（the Interrogator）所搬演。在現代社會中，這種行為戲劇最風行、最普遍。典型的審問者以批判為手段，操控別人，攫取別人身上的能量。

在審問者面前，我們總是感到侷促不安，覺得自己的一舉一動、一言一行都受到密切的監視。我們同時也感覺到自己被迫扮演一個能力不足、連自己的日常生活都處理不好的人。

我們會有這種感覺，是因為審問者總是千方百計地把我們扯進他所創造的現實中，迫使我們相信在這個世界上，大多數人天天都在犯錯，而他的職責就是糾正別人的偏差行為。譬如，他會對你說：「你知道嗎，你那副裝扮太邋遢了，跟你的身分、職業並不相配。」或者說：「我注意到囉，你不常打掃房子哦！」這種人看什麼都不順眼，成天在別人身上找毛病，連別人怎麼幹活、怎麼講話，他都要管。他的目的無非是讓我們猝不及防，面對他的批評時手足無措，這麼一來，他就可以趁機攫取我們身上的能量。

審問者的策略，同樣是無意識的，他們在別人的言行中找碴兒、挑毛病，迫使對方採納他的批評，接受他的世界觀。這種伎倆一旦得逞，我們就會被迫透過他的眼光看待一切，用他的標準來衡量自己的行為，毫無保留地把自己身上的能量貢獻給他。審問者的目標是評判、主宰別人的生活，因此，雙方互動一展開，被審問者往往會立刻慴服，全盤接受審問者的世界觀，把自己的能量源源不絕地輸送到對方身上。

一如其他幾類「控制戲」，審問者搬演的這齣戲，也是建立在一套充滿假設和偏見的世界觀上。在這種人眼中，我們的世界亂糟糟，很不安全；他得時時刻刻留意每個人的態度和行為，隨時提出糾正。在這個世界上，他是英雄——眾人皆醉我獨醒。審問者通常出身於欠缺家長型人物或孩子需求不受重視的家庭。在能量匱乏的不安全環境中，孩子若想吸引家人的注意，取得自己所需要的能量，只能透過一種方法：隨時指出別人在言行上所犯的毛病，批評家人的行為。

這樣的孩子長大後，會把他們童年形成的世界觀和人生觀帶進社會；久之，這套假設和偏見就會在他們的生活中成真。

如何應付「審問者」？

面對一個扮演「審問者」角色的人，切記，保持冷靜，堅守自己的立場，坦然告訴他自己對他的感覺和看法。就像對付「冷漠者」和「乞憐者」，我們得盡力避免採取防衛態勢；我們應該一面向他傳送愛的能量，一面婉轉地向他解釋，他不該隨便監視、批評我們。

審問者也會有好幾種不同的反應。首先，他也許會否認他刻意找碴、苛責我們，儘管我們把證據全都攤在他眼前。這時我們就應該反躬自省：也許我們太敏感、太多心了，其實他並沒有奚落或挑剔我們的意思。經過反省，如果覺得自己的看法是正確的，我們就應該堅守立場，和他溝通，希望雙方能展開一場真誠、理智的對話。

審問者的另一種回應是反唇相稽，指責我們刻意找碴。一旦這種情況發生，我們就得捫心自問，他的指控是否屬實，只要我們問心無愧，就可以繼續和他討論我們對他的感覺和看法。

審問者的第三種反應是強辯。他會口口聲聲說，他的批評是有確實根據的，我們責怪他找碴，是因為我們不敢面對自己的過錯和缺失。再一次，我們必須反躬自省，而如果我們對自己的立場和看法有信心，就應該舉出一些具體的事例，攤在審問者眼前，證明他對我們的批評是不恰當、甚至不必要的。

日常生活中，每個人都會遭逢這樣的情況：我們察覺到別人在做一些顯然對他們毫無益處的蠢事；這時，我們就會覺得自己應該介入，指出他們的過錯和缺失。關鍵端在如何介入。我認為，我們應該學習以一種非常婉轉、謙和的方式提出的建言，諸如：「如果我的汽車輪胎磨成這個樣子，我肯定會去買一套新的。」或「以前我碰到過相同的情況，我一氣之下，在找到新工作之前就把現有的工作辭了，結果後悔莫及。」

介入的方式很多，最要緊的是千萬莫讓對方手足無措，喪失自信心，就像審問者所做的那樣，而這個差異我們也必須向審問者解釋清楚。這個人說不定會惱羞成怒，和我們絕交，拂袖而去，但為了忠於我們的經驗，我們必須冒這個風險。

脅迫者

在人間不停上演的控制戲之中，最積極、最具侵略性的，莫過於「脅迫者」（the Intimidator）。一進入這種人的能場，我們就會感到不寒而慄，身上的能量迅速流失，彷彿身處險境。霎時間，世界變得兇險、失控。脅迫者通常會說出一些話或做出一些舉動，向你暗示他們的怒火隨時都會爆發。他們會津津樂道、得意洋洋地告訴我們他曾經修理過哪些人。有時，情緒失控，他們會突然抓狂，拿起桌上的東西朝我們扔過來，甚至砸破家具。

脅迫者的策略和目標是吸引我們的注意力，從而奪取我們的能量；為了達到這個目標，他們創造一個環境，讓我們飽受威脅，迫使我們把全副心神集中在他們身上。如果我們覺得眼前面對的這個人隨時都會失控、抓狂，難免就會小心翼翼，觀察他的一舉一動。跟這種人交談時，我們通常都會順應他們的觀點，不敢提出異議。一旦我們透過脅迫者的眼光看待周遭的事物，並為了自保，試圖探究他們的意圖，對方就會從我們身上吸取到他們迫切需要的能量。

脅迫的手段和策略，通常是童年時期在一個能量極端匱乏的環境中發展出來的。這一類控制戲，往往牽涉到家庭中的其他脅迫者，如暴虐的雙親或作威作福的兄姊；為了奪回失去的能量，孩子們往往被迫以牙還牙，冤冤相報。搖尾乞憐的策略並不管用，因為沒有人吃這一套；若裝出一副矜持的態度，扮演「冷漠者」的角色，也不會受到注意，因為別人根本沒工夫理會這些玩意兒；充當「審問者」，批評家人的言行，只會招來一頓惡罵或毒打；在這種情況下，小孩只好咬緊牙關，忍受能量的流失，長大後再設法報復，搖身變為另一個脅迫者。

脅迫者眼中的世界，充滿漫無目的、肆無忌憚的暴力和仇恨。在這樣的一個世界裡，人人都沉溺在無邊的寂寞和絕對的孤獨中，互相傾軋、排斥，而這正是童年生活經驗和感受對「脅迫者」一生造成的影響。這齣控制戲也就這樣一代接一代傳演下去。

如何應付「脅迫者」？

面對脅迫者，我們必須格外謹慎小心。由於危險是明顯而立即的，通常我們都盡量避免出現在這種人眼前。如果你正在跟一個脅迫者維持某種長期關係，我建議你向專業人員求助。在療法上，我們應該採取的手段和行動，基本上和應付其他三類「控制戲」的演出者是一樣的。我們必須讓對方感到安全，主動把自身的能量傳送給他們，然後一步一步導引脅迫者正視他們演出的那齣戲劇的本質。不幸得很，如今很多脅迫者，依舊流竄在社會上，並未得到任何專業上的幫助或輔導。他們沉溺在恐懼和憤怒中，無法自拔。

這些人，有很多後來變成刑事犯，鋃鐺入獄。把這些人和社會隔離開來，當然是很明智的作法，但一個只會把這種人關進監牢、然後又把他們放出來、而不施予任何治療的刑法體制，並不真的明瞭問題的根源，當然更談不上從根本解決問題了。㊷

破除控制戲

一生中，我們大多數人都會聽到別人對我們行為模式的各種批評。一般人的反應是漠視這些抱怨，或為自己的行為找個藉口，然後把這件事忘掉，依照我們喜歡的那種方式繼續過日子。即使今天，我們愈來愈明瞭我們自編自導、卻往往弄巧成拙的那些「人生腳本」的本質，以客觀的態度檢視自己的行為仍然極其困難。

就拿情況嚴重的「控制戲」來說吧！沉溺其中的演出者尋求專業協助後，只需一場危機反應，就足以使多年接受心理輔導所獲致的進步和成長，一夕之間付諸東流，因為一度被認為已經消除的行為模式，這時又趁機借屍還魂。事實上，如今愈來愈多心理諮商人員體認到，心理治療的真正進展，並不是單憑精神宣泄或情感淨化（catharsis）——探索兒童時期遭受的精神創傷，藉以消除情感上的壓抑，就能夠達成的。[43]現在我們知道，若想終止這些無意識奪取能量、求取安全感的企圖，我們就必須把焦點對準問題的根源和存在基礎，超越知性的層次，汲取新的、不管外在環境如何演變都能夠運作如常

---

[42] 威爾森與赫恩斯坦，《犯罪與人性：探索人類犯罪的原因》（紐約，一九八五年）J. Q. Wilson and R. J. Herrnstein, *Crime and Human Nature: The Definitive Study of the Causes of Crime*（New York: Touchstone/Simon & Schuster, 1985）。

[43] 希爾曼，《精神療法發展了一百年，而世界卻變得愈來愈糟》（舊金山，一九九二年）J. Hillman, *We Had a Hundred Years of Psychotherapy and the World's Getting Worse*（San Francisco: HarperSan Francisco, 1992）。

的安全感泉源。

這兒，我指的是另一種不同的精神宣泄和情感淨化，亦即人類歷史中玄學家一再探討、我們今天愈來愈熟悉的那種精神治療。我們已經了解個人在社會中如何展開競爭，搶奪能源。如今我們面對的挑戰是：省視自己的內心，辨認和釐清構成我們行為戲劇的一套假設和意圖，尋找另一種能夠讓我們打開內在能源的經驗。

6

體察人生的玄祕經驗

一九五〇年代末期，神祕經驗的觀念開始流傳到歐美，進入西方文化的集體意識中。在榮格、艾倫・華特斯（Alan Watts）、鈴木大拙等人引介下，東方的印度教、佛教和道教傳統開始在西方世界普及開來。[44]

往後的幾十年間，從各種角度探討東方傳統的著作，包括約格南達（Paramahansa Yogananda）、克里希那穆提（J. Krishnamurti）和藍・達斯（Ram Dass）的作品，相繼在歐美出版，風行一時。這些著作不約而同地指出，內在的神祕經驗確實存在，而這類心

[44] 榮格，《心理學與宗教》（美國康乃狄克州新港市，一九三八年）C. Jung, *Psychology and Religion*（New Haven, Conn.; Yale Univ. Press, 1938）；華特斯，《東西方精神療法》（紐約，一九七五年）A. W. Watts, *Psychotherapy East and West*（New York: Random House, 1975）；鈴木大拙，《禪學入門》（紐約，一九八七年）D. T. Suzuki, *Introduction to Zen*（New York: Grove/Atlantic, 1987）。

靈邂逅，每一個人都可以親身體驗。[45]

在這幾十年中，愈來愈多歐美人士對西方悠久、豐富的玄祕精神傳統，開始產生興趣。阿西西的聖方濟（St. Francis of Assisi）、梅斯德·艾克哈特（Meister Eckhart）、伊曼紐爾·斯維登堡（Emanuel Swedenborg）和艾德蒙·布克（Edmund Bucke）的思想開始受到注意，因為這些西方思想家一如東方哲人，全都肯定內在的精神蛻變。[46]

根據我的觀察，經過多年的推廣，西方人現在愈來愈能接受、理解個人的超絕經驗（transcendent experience）——有人稱它為修持、解脫、悟道、超覺或宇宙意識；名稱雖然不同，但指的實際上都是同一種經驗。它已經融入我們的心靈，成為西方社會新心靈覺知不可分割的一部分。作為人類的一種文化，西方社會終於開始接納玄祕的心靈現象和經驗，把它看成真實的、人人都可以追求到的境界。

從觀念轉移到經驗

在西方文化薰陶下長大的我們，以漫長的知性討論和思考，展開我們對玄祕經驗的探索和研究。面對新觀念，我們得花點工夫理解它、熟悉它，設法將這些觀念跟西方的傳統世界觀融合在一起。理智的討論能激發我們的興趣，促使我們以新的角度檢視西方傳統的抽象心靈觀念，諸如「與神交流」、「探尋內在的王國」和「再生」。

然而，就某種意義而言，這類討論一直停留在左腦的抽象思考層次。[47]儘管很多西方人憑著直覺，察知玄祕現象和經驗的存在，但我們之中卻很少有人實際體驗過真正的超絕經驗。隨著觀念日漸普及，我相信，總有一天，我們會看到西方人群起追求這樣的一種人生境界。即便在今日，我們也已聽到——不僅從書籍和演講會上，也從我們親友口中——好些人以翔實可靠的方式，描述親身經歷過的玄祕現象。由於這個原因，超絕觀念漸漸變成活生生的、在別人身上可以獲得印證的現實。這些人的經驗一再告訴我們，內在的超絕經驗真的發生在跟你我一樣的普通人身上。

於是，我們開始以一種新的坦誠檢視自己的內心。如果我們反躬自省，發現自己從未有過這類玄祕經驗，也許就會把它當作一個重大目標，努力追求。我們會發覺，能夠

㊺ 約格南達，《瑜伽生涯自述》（洛杉磯，一九七四年）P. Yogananda, *Autobiography of a Yogi* (Los Angeles: Self Realization Fellowship, 1974)；克里希那穆提，《人生中不可不想的事》（紐約，一九七五年）J. Krishnamurti, *Think on TheseThings* (New York: Random House, 1975)，達斯，《如今在這兒》（新墨西哥州聖克里斯多巴爾市，一九七一年）R. Dass, *Be Here Now* (San Cristobal, N. M.: Lama Foundation, 1971)。

㊻ 齊斯特登，《阿西西的聖方濟》（紐約，一九八七年）G. K. Chesterton, *St. Francis of Assisi* (New York: Doubleday, 1987)；艾克哈特，《梅斯特．艾克哈特的論文和布道辭》（紐約，一九八三年）M. Eckhart, *Treatises and Sermons of Meister Eckhart* (New York: Hippocrene, 1983)；史維登堡，《科學和哲學論文》（美國賓州西契斯特市，一九九一年）E. Swedenborg, *Scientific and Philosophical Treatises* (West Chester Pa.: Swedenborg Foundation, 1991)；布克，《宇宙意識》（美國紐澤西州西考克斯市，一九六九年）E. Bucke, *Cosmic Consciousness* (Secaucus, N.J.: Carol Publishing Group, 1969)。

㊼ 史普林格與杜伊施，《左腦與右腦》（紐約，一九八一年）S. P. Springer and G. Deutsch, *Left Brain, Right Brain* (New York:W. H. Freeman, 1981)。

促使我們心靈蛻變的內在經驗，往往會以各種不同的形式，經由各種不同的途徑展現在我們眼前。

重要的不是引導我們追尋這種經驗的宗教信仰、修持或其他活動，而是超絕、神祕的知覺。這才是我們追求的真正目標。這種經驗本身能夠擴展我們的心靈覺知，將一股清新的安全感和幸福感注入我們的心靈中。這是我們以前從不曾夢想過的。

體育活動中的超絕經驗

人人都知道，從事體育和其他休閒活動的過程中，有時可以獲得所謂的「達陣」經驗。當這一刻來臨時，我們會發現自己的知覺正發生微妙的變化；霎時間，感覺到整個人——全副身心——都融進了行動中。我們的身體感覺不同了，它的動作彷彿變得更有效率、更優雅、更能和我們的目標配合一致。

這時，我們不再是這場活動中的一個獨立個體，冷眼旁觀行動的進展，做出適當的回應；相反地，我們變成了整個行動、整個流程的一部分，整個人融入這一剎那中，彷彿預先知道即將發生什麼事情：球會往哪裡跑、其他球員會做出什麼動作。全體隊友齊心協力，自動自發，做出最完美的反應，在最恰當的時機進占最恰當的位置。

這一刻，你會感覺時間變了——它慢了下來。在平常的狀態中，我們往往會覺得球賽進行得太快，我們一路挨打，拚命追趕，焦頭爛額。但一進入「達陣時刻」——也就是球賽進入高潮、球員的巔峰經驗開始發生時，我們會突然感覺到時間變慢，意識驟然躍升到一個更高、更清明的層次。這一來，我們就有充分的時間揮出球拍，或跳起身搶奪籃板球。一旦進入渾然忘我的境界，運動員彷彿變成超人，能夠抗拒地心引力，在空中停留好一會兒，做出令人嘆為觀止的動作，身形一閃，出現在另一個位置上。

最近二十年間，描述和探討各種運動內在層面的書籍可說汗牛充棟，尤其是有關高爾夫球的著作。麥可．穆菲的《王國的高爾夫》（*Golf in the Kingdom*）賣出一百多萬冊，因為它把高爾夫球員的內在經驗和心路歷程攤在陽光下，詳加探討、分析。㊽根據我的觀察，高爾夫球在世界各地愈來愈盛行的主要原因是，這種運動能給人們帶來獨特的挑戰和報償。為了某種理由，我們必須學習使用一根長長的桿子（它的頭部比高爾夫球本身大不了多少），打擊一顆直徑只有一英寸的小白球。高爾夫球迷聲稱，就是因為球具怪異，高爾夫球才會成為最艱難的一種運動。不錯，在高爾夫球賽中，我們要打擊的是一顆靜止不動的球，但這一來，困難度卻大大提高。我們孤伶伶地佇立在球場上，面對沉重的心理壓力：如何奮力一揮，沿著狹窄的路徑把小白球送進遠方的一個坑洞。在其他運動中，行動的節奏和球兒的流轉，迫使我們不斷移位、奔走，以便隨時回應對方的動作。在高爾夫球場上，我們卻得一面抗拒內心的恐懼、猶豫和緊張，一面站穩腳跟，準備揮出制勝的一桿。

㊽穆菲，《王國的高爾夫》（紐約，一九七二年）M. Murphy, *Golf in the Kingdom* (New York: Penguin Books, 1972)。

也許，就是因為這種內在的挑戰，才使得高爾夫球運動那麼吸引人，才使得它那特有的「達陣經驗」——把小白球送進坑洞——那麼地鮮明、那麼地激盪人心。那一瞬間，我們的身體取得了主導權，毫不費勁地開始運作，而那顆小白球，在我們的意志催促下，倏地飛越過球場，朝它的目標滾動過去。

舞蹈和行動藝術

人人想必都看過，彷彿飄浮在半空中的舞者；想必也都看見過，功夫大師表演令人驚嘆的動作，呈現肌肉的完美協調。這些活動代表另一種途徑；透過它，人們可以追求到超脫塵世的玄祕經驗。就像回教蘇菲派（Sufi，譯註：回教中信奉禁欲主義和神祕主義的一派，盛行於波斯）的托缽僧，以激烈的旋舞進入心曠神怡的境界；西方舞蹈的許多形式能夠引導我們走出日常意識，把我們跟內在的、層次更高的心靈知覺連接在一起。

根據舞者的報告，我們發現，在一場舞蹈中，人們也會感受到運動員所經歷的那種意識擴張，尤其是那種完美的肌肉協調感。在形式自由的即興舞蹈中，動作宛如行雲流水，自然、流暢，所有的思緒和念頭，全都被拋諸腦後。許多舞者說，剎那間，他們感受到一種無與倫比、近乎狂喜的經驗。在這樣的時刻，舞者和舞蹈渾然融為一體，展現出內心世界和更高層次的自我。

在功夫師父們看來，追求這類經驗的目的是提升心靈能量，把它運用在武術動作上。透過一再重複的動作和專注，久而久之，這些經驗會促使我們有意識地放棄日常的思考和生存模式，從而進入一個新的人生境界。

祈禱和打坐

祈禱和打坐是傳統的精神途徑；透過它，我們可以體驗到內心的轉化和蛻變。世界各大宗教莫不從中擇一，作為與神溝通的橋梁。祈禱時，我們通常會召喚造物主或某種神聖的力量，向祂請求協助、指引或寬恕。我們的祈禱大都有一個明確的目的，但有時只是為了要尋求純粹的心靈交流經驗。

作為一種純粹的心靈經驗，祈禱和打坐非常相似；它安撫我們的心靈，把喋喋不休的自我驅逐出內心，幫助我們和上天取得聯繫。在某些宗教傳統中，祈禱者使用咒語（一再重複的字句或聲調）作為一種助力。心中一旦浮起雜念，你千萬不要理睬它，只管全神貫注在咒語上，讓自己整個人沉浸在祈禱或打坐的寧靜中，久之，心頭的思緒和雜念自然會消失無蹤。這時你就會漸漸進入心曠神怡、全神放鬆的狀態，直到日常的自我開始擴展、飛升，超脫塵世。

祈禱和打坐能讓我們的內心產生奇妙的轉化和蛻變。這種經驗來臨時，你會陷入一種近乎狂喜的恍惚狀態，覺得整個人融入宇宙中，和神連結在一起。

神聖的地點

通往內在玄祕經驗的各種途徑中，最耐人尋味的莫過於我們在荒涼、神聖地點所感受到的那種意識蛻變。當然，在某種意義上，地球上每個地方都可以說是神聖的，因此，嚴格地說，心靈蛻變的經驗可以在任何地點發生。然而，經過人類世世代代的考察和證實，某些地點似乎具有特殊的、神奇的力量，更能夠促使這種神祕的心靈境界產生。

通常，這類地點都具有非常鮮明、獨特的面貌。最引人注目的是，這些地方幾乎都美得令人不敢逼視——飛龍般的瀑布；濃蔭蔽天、宛如一座大教堂的森林；矗立在沙漠上、乍看就像一座座尖塔的岩柱。有些地點則是古蹟，四處散布著廢墟和手工藝品，空氣中瀰漫著先民遺留下來的能量。不管是古蹟還是荒野，這種地方似乎都具有一種雄奇、神聖的力量，能夠擴展和提升我們的內在知覺。

來到這樣的地方，我們唯一該做的就是靜靜徜徉其間；只要稍稍敞開心胸，我們心中就會產生一種跟以往截然不同的奇妙感受，身體彷彿和周遭的一草一木合而為一，跟宇宙萬物接合在一起。霎時間，我們內心湧起一股安詳、寧謐、幸福的感覺。

察訪神聖地點

一般人熟知的神奇地點，不外乎英國的巨石陣（Stonehenge）、埃及的金字塔、美國的大峽谷，和祕魯的印加廢墟瑪珠碧珠（Machu Picchu），但事實上，神聖的地點不一定有名。在美國各州和世界各國，你都可以找到這種地方，其中有很多已經被當地的原住民探索過、記錄在他們的藝術品和民間傳說中，但其他地點卻從未有人造訪過，如今依舊靜悄悄地隱藏在世界各地碩果僅存的幾處荒野中。

因此，我們必須設法察訪這些神聖地點的下落，免得被居心不良的人捷足先登，濫加開發。據我所知，察訪的工作已經開始進行。通常的情況是，有人透過直覺，察知某一個神聖地點的所在，於是挺身而出，自願擔任這個地方的守護人。如果你想察訪自己居住地區的神聖地點，我建議你先跟貴地的老年人團體聯絡，或詢問你認識的社區父老。他們會提供你豐富的資訊，甚至會告訴你，他們曾親身感受過某一個地點的神奇力量。你也許會聽到一些令人傷心的故事：有幾個神聖地點遭受濫墾濫伐，或被採礦公司和營造商肆意破壞，早就蕩然無存了。

察訪神聖地點的另一個方法，是親自到最近的州立或國家公園走一遭。也許，翻越過第一座山丘，你就會發現眼前豁然出現一個奇特的景觀，令你眼睛為之一亮，忍不住停下腳步。就在這兒待一陣子吧！體驗一下這個地點散發出來的神奇能量。

你也許願意盡一己之力保護這些地方，免得它們遭受不法商人和貪婪之徒的毒手。在美國，即使是公有土地，國會也准許財雄勢大的跨國公司進駐，肆意開發；結果，我們剩下的幾處古木參天、景色清幽的原野，就這樣毀於一旦，萬劫不復。一般美國民眾根本沒察覺到政客這種圖利商人、不惜犧牲子孫利益的行徑。

玄祕經驗的準則

在奇妙的機緣指引下，我們跨入了追求玄祕經驗的第二步。在這個階段，我們不再滿足於知性的探討。作為第一步，我們當然得先接受心靈蛻變的觀念，對它產生好奇，時時把它擺在心裡，這是非常重要的。但漸漸地我們會發覺，在理念上相信一件事情，和親身體會這種經驗，完全是兩碼子事，不能相提並論。

我再次提起這點，是因為在傳統、老舊的物質主義世界觀影響下，一般人難免會從物質的角度看待一切事物和地方、甚至我們跟這些事物和地方的關係。當然，除了你自己，沒有人有資格評估你究竟曾不曾親身體會過敞開心扉、與神交流的經驗。就是因為這個緣故，這類經驗總是顯得神祕兮兮，難以捉摸。我們追求的不僅僅是欣賞一個特殊地點的美景、體驗祈禱和打坐所帶來的心曠神怡，或是感受打贏一場球賽的興奮和歡樂。

我們全都必須找到一種能夠從內心擴展自我意識、改變我們對自己的看法、幫助我們迎納宇宙神靈的心靈經驗。也因此，我們通常得一直等到這種經驗發生，才知道它究竟是怎麼回事。在那之前，我們只好摸索和猜測；沒有人能具體地告訴我們，親身體會這類心靈經驗到底是怎樣的一種感受。

不過，我還是認為知性的探索和討論，能幫助我們理解玄祕經驗的本質。自古以來，神祕學家一再聲稱，能夠具體描述的絕對經驗，並不是真實的經驗，我相信這種說法。不過我也覺得，這類經驗具有某種大家都能辨識、遵循的準則；在精神之旅上，它能指引我們一路追尋目標，幫助我們判斷這種經驗是不是真的發生在自己身上。

身輕如燕的感覺

我們可以引用的第一條準則是「輕盈感」。玄祕經驗發生時，剎那間，地心引力彷彿消失了——我們站起身來走路，不必再使勁用腳把身體撐離地面；相反地，我們感到整個人輕飄飄，彷彿搭乘一部快速電梯，從頂樓直降到地面。我們覺得身體的重量漸漸減輕，整個人幾乎快要浮起來了。

這種現象似乎發生在所有玄祕經驗中——從祈禱和打坐，到舞蹈和其他心靈修持方式。也許，我們正在擺一個瑜伽姿勢，或正在打太極拳，或正在朝一處風景極為清幽的地點走過去，驟然間，我們對自己身體的感覺改變了。我們感覺到一股能量從丹田湧出來，瀰漫全身，讓全身緊繃的肌肉瞬間鬆弛。我們對行動的感覺也跟著改變了，不再牽動身上一根根筋骨和肌肉，一步一步吃力地踩著地面或地板；相反地，我們整個身體的移動彷彿發自丹田，毫不費勁。

我們發覺，這時候站起身來走路，不需費吹灰之力就能挪動雙臂和雙腳，因為這個動作需要的能量，這會兒是從丹田發出來的。毫不誇張地說，這種能量十分神奇，神奇到讓我們覺得自己的身體盤旋或飄浮在半空中。這就是為什麼印度瑜伽、西方舞蹈和中國武術的規則和動作，特別有助於心靈修持。它讓我們以嶄新的方式體驗地心引力，幫助我們開發內在能量；一旦能量從丹田湧出，就會覺得整個人向外擴張、延伸，彷彿有一股力量將身體推送到一個完美的位置或姿勢中。我們的頭，高抬起來，我們的背脊挺得筆直；這可不是刻意使用肌肉的力量造成的，而是依靠它自己的能量。

這麼看來，「輕盈感」確實是衡量玄祕經驗的一個非常精確、具體的準則。這是一種我們能夠體驗、測量的感覺。我們知道，超絕經驗一旦來臨，我們就會感到渾身充滿活力和元氣，彷彿有一股心靈能量發自內心深處，剎那間瀰漫全身。

與萬物融為一體的感覺

另一個衡量玄祕經驗的準則，是我們與周遭物體的親密感。所謂「親近」，是指剎那間覺得自己和周遭世界的距離拉近了，幾乎融為一體。這種現象可能發生在前面提到的那些修持方式和過程中，但是，在視野深遠、遼闊的地方，它的效果似乎特別顯著。

在這樣的環境中，我們會發現，飄浮在遠方天空的一朵雲，在我們的知覺中突然變得十分鮮明、突出。本來，它只不過是平淡無奇的背景的一部分，並不特別吸引我們，但這會兒，它卻以嶄新的面貌和形式出現在我們眼前，讓我們不得不注視它。感覺上，這朵雲突然向我們逼近，彷彿只要一伸手就能觸摸到它似的。在這種情況下，我們周遭的其他物體全都跟著逼近了——遠山、山坡下的樹木、山谷中的溪流。在我們的意識中，這些物體全都變得格外清晰、燦亮，儘管它們距離我們十分遙遠。感覺上，它們彷佛突然跳竄出來，瞪著眼睛，要求我們好好看它們一眼。

和這種知覺緊密連結在一起的，是「與天地萬物融為一體」的感覺，這是神祕學家們常描述的經驗和感受。當我們在這種意識狀態下觀看周遭世界，知覺中的每樣東西彷佛都變成我們身心的一部分。嚴格來說，這會兒我們並不是透過周遭物體的「眼光」觀看這世界；相反地，誠如艾倫・華特斯所言，這時我們感覺到周遭的每一樣東西，都變成我們無限擴展的一部分自我，它們正透過我們的眼睛觀看這世界。[49]

安全、永恆、愛的感覺

在上文中，我們已經討論過傳統神祕學家和現代深層心理學家的重大發現：一般人活在這世界上，總是欠缺安全感，心中充滿焦慮，覺得自己的內在生活本源被切斷了。正視生命的現實，準備隨時面對那宛如巨大陰影般籠罩人生的死亡，對一般人來說，可是一件令人不寒而慄的事情。如上文所探討的，面對這種焦慮，傳統上人們採取兩項對策。一是：迴避人生的根本問題，把不安全感埋藏在內心深處，專心致志，創造一個豐富的、虛浮的、充滿各種活動和娛樂的文化。這就是為什麼現代人會沉湎在世俗、物質

49 華特斯，《禪之道》（紐約，一九五七年）A. W. Watts, *Way of Zen*（New York: Mentor/New American Library, 1957）；《不安全的智慧》（紐約，一九六八年）*Wisdom of Insecurity*（New York: Random House, 1968）。

的追求中，把一切會讓我們聯想到生命奧祕的東西拋諸腦後。

在個人的層次上，為了消弭內心的不安全感，我們不惜採用各種消極或積極的手段去壓制別人，從別人身上攫取能夠讓我們暫時感到滿足、充實、安全的心靈能量。人間不斷上演的「控制戲」，其實就是我們操控別人、爭奪能源的策略和手段。但我們必須記住：欠缺能量，生命根源被切斷，是這些戲劇上演的緣由。

本章探討的內在玄祕經驗，作用在於消弭人們心中這份對人生的不安全感。因此，心靈上的安全感和幸福感，就成為衡量精神經驗和境界的一個重大準則。一旦我們敞開胸懷、接納上天賦予我們的內在能源，就會體認到生命是永恆的、靈性的，因為我們領悟到，每個人都是宇宙大家庭的一分子。我們的生命是永恆的；我們受到妥善的照顧；我們被包含在造物主的大計畫中；我們甚至能幫助造物主，實現祂對地球生靈的期望。如果我們細心呵護流注入我們內心的安全感和幸福感，我們就會感到安全、滿足，因為我們心中充滿一股豐沛的、將其他情感全都淹沒掉的情感——愛。

「愛」當然是衡量內在超絕境界的一個準則，這點大家都知道。但這兒所說的愛，可不是一般人所熟悉的那種人與人之間的私愛、小愛。我們都體驗過那種需要一個明確目標——父母、配偶、兒女或朋友——的愛，但用來衡量內在超絕境界的愛，卻是一種截然不同的感情。這種愛並沒有一個固定的目標，它是一種民胞物與的精神，瀰漫天地間，省視我們的其他情感。

牢記超絕的經驗

我認為，這些具體的、用來衡量超絕經驗和境界的準則，對我們有兩個益處。首先，它能幫助我們追尋實際的玄祕經驗——並不是在事前起帶頭的作用，因為我們得先祛除知性的思維，才能進入超絕的境界，而是在事後幫助我們評估自己是不是已經突破物質的束縛，進入新心靈覺知。

其次，這些準則能幫助我們將玄祕經驗落實在日常生活中。玄祕經驗往往稍縱即逝，來去無蹤。事後，我們必須選擇一種方式——祈禱、打坐、舞蹈、運動等等，按時修持，以便重溫、加強當初所體驗到的玄祕幸福感。

每天早晨起床時，我們都必須回想一下當初的感覺，牢牢記住每一條準則，身體力行，把這些準則融入日常生活中。如同下文將提到的，除非內心蓄積足夠的能量和安全感，否則我們絕不可能完全擺脫別人強加在我們身上的「控制戲」，或是徹底革除自己操控別人、奪取能量的陋習，而這種能量和安全感，只能從玄祕經驗中獲得，因此，當經驗消逝後，我們必須牢牢記住那一刻自己所獲得的啟悟。

我們可以在每天起床後就複習這幾條準則，設法回歸到當初的意識知覺。記住那一刻你體驗到的感覺：身輕如燕、與天地萬物渾然融為一體、心靈能量源源不斷注入內心，最要緊的是，那種民胞物與的大愛。只要日日修持，久之，我們就能召喚出這些感覺，讓內心充滿愛，讓愛陪伴我們、指引我們度過今天的日子。

只要心中有愛，我們就能敞開心胸，接收那一直存留在我們體內的能源，讓上天賦予的能量瀰漫整個身心。當然，這並不意味著此後我們永遠都不會再感受到負面的情感，如嗔、嫉、恨。然而，每當這些情感在我們心中湧現時，永恆的愛就會挺身而出，阻止它們占據我們的心靈。我們會以理智的態度看待這些情感，體驗它們，然後讓它們隨風而逝，把注意力和心思重新投向那瀰漫天地間、源源不斷賦予我們能量的「愛」。

我們必須再次提醒自己：每個人都是獨立的個體，只有我們自己能讓這些準則變成我們日常生活的一部分。經歷過超絕經驗後，我們必須努力修持，設法將這些準則融入生命。往後，每當我們走近有過類似經驗、身上散發出同樣知覺的那些人，感到彼此之間聲氣相通，但我們不能指望別人幫助我們、指引我們；我們必須回到本源，靠自己的力量將這些準則一步步落實在生活中。

一旦我們做出堅定的承諾，讓已經開啟的能源永遠保持暢通，我們就可以跨入「新心靈覺知」的下一步。這時，我們會發現，「機緣」出現的頻率大為提高，因為我們對自己的命運和這輩子要走的路，已經有了更深的認識和了解。

7 發現真正的自我

一旦我們找到超絕經驗，並且對內在的心靈能量和安全感敞開胸懷，我們生命中某些重大的、意義深刻的事件就會開始發生。我們會從一個更高的角度，透過更具活力的更高自我的眼光，看待自己和自己的行為。我們的身分感，擺脫了舊有自我的那種焦躁不安的反應模式，開始採取冷靜、超然的觀點，和宇宙萬物同聲相應、同氣相求，因而能以一種嶄新、客觀的態度和眼光，看待那個被社會所規範的自我。

從這個新觀點，我們首先能清楚地觀察：自己遭受壓力時，究竟會做出什麼反應。生平頭一遭，我們能夠以清晰、冷靜的眼光，觀看自己搬演的「控制戲」。這種行為戲劇在任何地方、任何時候都可能上演——工作場所、市場、與重要人物談話的時候。最初，我們懷抱著新近敞開的心靈，日子過得很充實、愜意，但突然間事情發生了，我們開始遭受壓力。不知不覺間，我們又回復舊有的反應模式，重演那幾齣老掉牙的戲碼。

這時，我們內心就會開始掙扎，試圖保持更高自我的能量，堅守旁觀者的立場，儘管這個時候，我們的另一部分自我會一如既往，繼續採取防衛的行為。冷眼旁觀自己的行為，心中靈光一現，我們對自己有了更深一層的了解。霎時間，我們想起以前別人對我們的行為模式和「腳本」的批評——那時我們矢口否認——心中終於領悟，這些批評都是正確的。我們會對自己說：「遭受壓力時，我的反應竟然是這樣的！真想不到。」

這時，我們看到的自己，也許是一個用罪惡感套住別人的「乞憐者」，或是一個故作矜持、和別人保持距離的「冷漠者」，也可能是一個肆意批評別人的「審問者」，或是一個飛揚跋扈、以氣勢震懾別人的「脅迫者」。不管我們在行為戲劇中扮演什麼角色，重要的是，我們有機會看清楚，為了搶奪別人身上的能源，我們究竟採取什麼手段來操控別人。

童年家庭中的權力鬥爭

現在我們面對的問題是：我們的行為是怎樣形成的？根源在哪裡？我們應該怎樣看待這種行為？

要回答這些問題，必須參考一九六〇和七〇年代心理學家對家庭關係所做的突破性研究。我們現在知道，家庭，尤其是父母親，主導我們跟世界的第一次接觸（如果家中沒有父母，應該會有其他監護人扮演這個角色）。我們模仿這些人的態度和行為；在他們教導下，我們對世界的最初看法開始形成。

在最近出版的著作《靈魂法典》（*The Soul's Code*）[50]中，心理學家詹姆士．希爾曼（James Hillman）明確地指出，當初投生人間時，我們全都是帶著獨特的個性和使命來到這個世界的。然而，出生那一刻的混沌狀態卻蒙蔽了這種自我認識，而童年時期的掙扎，往往又是那麼地激烈、可怕。因此，小時候我們就跟神失去了聯繫，喪失了祂賜給我們的愛和能量。驟然間，我們得依賴別人提供我們食物、保護和安全感。

小時候，我們獲得的愛和能量通常都太少，因為監護人沒有多餘的愛和能量賞賜我們，而他們管教孩子的方式，不外乎是那幾齣一再搬演的「控制戲」。有些父母親無意識地掠奪、吸取兒女的能源，迫使孩子創造自己的行為戲劇，以便進行反擊。譬如，扮演「乞憐者」角色的母親，會成天叨叨念念，責怪孩子不肯幫忙做家事，甚至把個人的問題歸罪孩子，說什麼：「為了你，我犧牲掉自己的事業和前途。」扮演「冷漠者」角色的父親，則總是擺出一副拒人於千里之外的架式，讓孩子不敢親近。「審問者」喜歡找孩子的麻煩，在他們的言談舉止中挑毛病、找碴兒。「脅迫者」讓孩子一天到晚生活在恐懼中，戰戰兢兢過日子。

小時候，我們懵懵懂懂、糊裡糊塗地被扯進大人的戲碼中，讓他們吸乾我們身上的能量。但是，到了某個階段，我們心中的防衛意識就會被激發出來，開始發展自己的一

---

[50] 希爾曼，《靈魂法典》（紐約，一九九六年）J. Hillman, *The Soul's Code*（New York: Random House, 1996）。

套策略和手段，企圖奪回我們流失的能量和自尊。面對扮演「乞憐者」和「冷漠者」角色的雙親，我們通常會採取「審問者」的立場，不時批評父母的行為，在他們言談中挑毛病，試圖以這種方式，抗拒他們強加在我們身上的罪惡感，終結他們的冷漠態度。面對「審問者」，我們也許會反唇相稽、以牙還牙，或模仿「冷漠者」，裝出一副愛理不理、高深莫測的模樣。

如果父母親是「脅迫者」，情況就比較複雜。這個孩子若是飽受虐待、成天擔驚受怕，最初通常會以「乞憐者」的姿態出現在大人眼前。身為「脅迫者」的父母親，面對可憐兮兮的孩子，如果覺得愧疚，就會把從他身上掠奪的能量歸還給他。如果這個策略失效，那麼，孩子就只有一個選擇——以暴易暴，成為「脅迫者」，把滿腔怒火發洩在脅迫他們的人身上，有時，甚至拿比他們弱小的弟妹或同學出氣。[51]

寬恕與解脫

我們的內在精神能量，既然已經提升到了一個更高的層次，現在我們就得面對一個新的挑戰：如何繼續推動我們的心靈進化。在回顧、檢討童年時期家庭中的能源爭奪戰時，即使這些回憶讓人非常痛苦，我們也不應該記恨在心，把責任全推到別人身上。一如我們在下文中看到的，在我們那日益進化、成熟的心靈意識引導下，我們終將領悟：人生中發生的一切事情，都應該從「身後世」（Afterlife）的角度來觀察、探討。那時我們會發現，當初投生人間，在神的指引下，我們自己選擇誕生在哪一個家庭、哪一種環境。也許，我們曾期望其結果不是現在這個樣子，但我們確實選擇了那樣開始我們的一生。

如果我們發現自己一再責怪父母、兄弟姊妹或童年生活中遇到的其他人，那通常是因為，「怨天尤人」這行為本身，就是「控制戲」的一部分；它是我們操控別人、奪取能源的一種手段。我們向別人訴說我們遭受虐待的故事，以博取對方的同情，吸取對方的能量；有時，我們也會使出這一招，將我們扮演的「冷漠者」或「審問者」角色合理化。因此，除非我們能夠擺脫童年經驗的束縛，否則便無法充分開發內在能源，讓心靈繼續向前進化，因為怨天尤人這種陋習，隨時都會把我們推送回舊戲碼中。

唯有寬恕能打開我們的心靈枷鎖，讓我們徹底擺脫這幾部一演再演、徒然浪費時間的「腳本」。我認為，寬恕必須以明確的方式表達出來，才能充分發揮效用，讓我們的心靈獲得徹底的解脫。許多心理治療家建議，我們不妨寫信給我們責怪過的每一個人，表達我們的寬諒。但這並不意味我們必須親自登門造訪，跟這個人重聚；我們以寫信或其他方式表達寬恕的目的，只不過是想把過去的事情做一個了結，既往不咎，從此海闊天空，迎接新生活的來臨。寬恕別人，能夠加強我們已經獲取的更高層次、超然客觀的

---

51 蓋恩斯，《青少年荒原：身陷絕境的美國孩子》（紐約，一九九二年）D. Gaines, *Teenage Wasteland: America's Dead End Kids*（New York: HaperCollins, 1992）。

覺知。寬恕之道在於坦然承認：在那個時候，每個人都已經盡了全力，試圖把他或她的角色扮演好。[52]

告別老戲碼

到這個階段，我們就可以徹底、有效地擺脫在我們生活中一再上演、老掉牙的「控制戲」。如果我們能繼續修持，進一步超越把我們禁錮在固定反應模式裡的舊觀念和舊態度，就能夠開始整合新的靈性自我，將它完全融入意識中，讓那個由社會界定的舊自我，從此離開我們。

在這種覺知狀態中，我們更能夠保持超然的立場，冷靜觀察自己的行為和生活方式，同時，以一種客觀的信念和冒險精神，看待發生在生活中的所有事件。從這個角度，我們最能夠體察、遵循人生中的機緣——那些表面上看起來純屬巧合事件所傳達的訊息，而且，這樣的一個立足點，也能使我們的意識清明，隨時保持警覺，即使是在遭受沉重壓力的時候。

現在，想像這一幕情景：我們正試圖在更高自我的狀態時，突然，一個人走過來，在我們面前講一些話或做出一些動作，讓我們覺得很不舒服，於是，很自然地，我們開始採取防衛的態勢。如果我們慣常扮演的角色是「審問者」，那麼，這個人也許會讓我們聯想起以前遇見過的那些「冷漠者」或「乞憐者」，於是，自然而然地，我們開始挑剔、批評這個傢伙的言行，一旦在這個人身上發現一個「缺點」，便趕緊逮住機會，狠狠嘲諷一番，攻其不備，希望能讓他猝不及防、驚惶失措。這一來，他所採用的「冷漠」或「乞憐」策略就會失效，無法幫助他從我們身上吸取能量。

在這樣的時刻，我們脫離了更高的自我，回歸到舊有的、充滿不安全感的心態中，開始覬覦別人身上的能量。為了減少、進而徹底消除這種無意識的防衛心態，我們必須提高警覺，一發現自己故態復萌，就當場把自己逮住。想做到這一點，我們必須專心致志；打坐和祈禱這類靈性修持，在這方面能夠提供一些助力。一旦我們學會以自律保有更高自我的立場，並看穿「控制戲」的本質，便應該隨時保持警覺，防止舊戲重演，死灰復燃。

如果每一次故態復萌，我們都能夠懸崖勒馬，那麼，我們就可以開始破除舊有的行為反應模式，在戲碼上演之前，先發制人，把它給封殺掉。這一來，我們就能夠在日常基礎上，永遠保持更高自我和客觀的立場。

覺察更崇高的人生目標

一旦我們能夠隨時保持超然、客觀的心態和立場，與日俱增的能量和自由就會帶來

---

[52] 威廉森，《愛的回歸》（紐約，一九九二年）M. Williamson, *A Return to Love*（New York: HarperCollins, 1992）。

一連串新的問題：如果我們已停止在日常生活中創造不斷上演、作為自我防衛手段的「控制戲」，我們的生活將會呈現何種面貌？往後，我們又應該做些什麼？

我認為，這些問題之所以產生，是因為每一個人內心深處——尤其是當我們達到比較高的精神境界時——都很想知道：人生在世，到底所為何來？我們這一生究竟能夠成就什麼？這個直覺促使我們從一個比較高的角度去探討、理解命運。首先，我們必須重新詮釋我們過去的生活和歷史。

我們的祖先是誰？長什麼樣子？居住在什麼地方？怎樣過生活？最後，我們又會把注意力的焦點集中在我們的父母親和童年家庭生活。這時，我們會慶幸自己寬恕了家人，因為如此一來，我們就能擺脫以往的恩怨情仇，以超然客觀的眼光，看待和探討過去的經驗。

我認為，跟童年家庭生活經驗有關的問題，最重要、最根本的應該是：當初，我為什麼會選擇投生在這個家庭，跟這一群人結緣，做他們的兒女或兄弟姊妹？當初做出這個決定時，我心裡到底在想什麼？對未來的一生，我究竟有什麼期望？

童年家庭生活的訊息

我們提出這些問題，是想透過一個層次更高的角度，探討和理解我們的童年生活經驗。不要忘了，我們出生、長大的那個家庭，是我們最早的學習環境；在父母和家人指引下，我們漸漸明瞭這個世界究竟是怎麼回事，而別人對我們這群剛出生的人類又有什麼期許。兒童得學習每一樣東西，不只是宇宙萬物的名稱而已，更重要的是這些物體在人類生命中發揮的作用。要了解這些事情，孩子們必須細心觀察父母親或監護人如何看待、詮釋這個遼闊的世界；也就是說，在人生的頭十年，我們是透過父母親的眼睛——他們對周遭事物的描述、他們的情感反應、他們的所作所為，來觀看這個世界。一如上文提到的，這樣的一種認同（identification）塑造、規範了我們最初的世界觀。

我們出生在某一個家庭、成為某一對夫妻的兒女，是有原因的。想要探尋這樁因緣的意義，我們必須深切了解父母親的為人、他們的世界觀和（這點也許最重要）他們的夢想——已實現的和未實現的。

認識母親

對一般人來說，我們從母親身上感受到的愛和撫慰，形成我們對這個世界最初的內在印象。你所體驗到的母親的愛撫，是慈藹的、滋養的、美好的？抑或是心不在焉，甚至令人毛骨悚然、不寒而慄的？

心理學家告訴我們，出生後頭五年的生活經驗，奠定了我們對人生的基本假設和看法：這個世界究竟會不會滿足我們的需求？我們往後的生活經驗會不會是積極、正面的？如果母親能滿足我們的需求，我們應該會形成一個基本上積極、正面的人生觀。但如果情況不是這樣，那該怎麼辦呢？童年生活非常美好，可是長大後，每當遭受壓力、心裡感到焦躁不安，內心就會湧出一股消極、負面的意識，甚至恐懼感，這究竟是什麼緣故呢？在這種情況下，我們必須考慮到一個可能原因：這個負面印象，來自我們生命中更早的一個時期，譬如出生時母親難產，甚或前世種下的某種孽緣。

我知道，很多人不太相信有「前生」這回事。我建議這些讀者看看布萊恩・魏斯（Brian Weiss）醫生寫的那本書。[53]這位心理醫師對病人「前世記憶」所做的個案研究和紀錄，闡明了這一現象的本質，並使全世界的人們熱烈討論起「前世記憶」。因此，在很多個案中，當我們重新評估早期生活環境對我們日後的生活態度和方向所造成的影響時，我們必須考慮到這種可能性：我們對人生的假設和看法，至少有一部分來自「前生」。

當然，母親帶給我們的，並不僅僅是愛撫和養育這一最初印象。她也賦予我們一種明確、甚至獨特的人生觀。若想了解母親對世界的看法，你就必須設法去了解她這個人——了解得愈徹底愈好。你必須花點工夫，探究她的身世背景、她年輕時遭受的文化制約，更重要的是，這種文化對她的人生願望和目標所造成的影響——文化制約對她產生的作用，究竟是壓抑她的夢想，還是幫助她實現夢想？

我們之中大多數人的母親，是在一九四〇年代到一九八〇年代這段時間內長大成人的。對美國的婦女來說，這是女性命運開始轉變、人生充滿各種機會和可能性的時期。例如，二次大戰期間，婦女在兵工廠和其他生產部門工作，從事以往只有男性才能擔任的職務；這種經驗，改變了世界各地人們對婦女能力的看法。然而，在個別家庭環境中，個別婦女依舊遭受不同程度的壓制，無法充分發揮潛能，實現人生目標。因此，我們必須探究、了解母親的一生。

你母親對人生、家庭和工作的看法是什麼？她所表達的是怎樣的一種價值觀？這跟社區中一般人的觀點又有何不同？母親一年一年老了；你有沒有注意到，她對健康、醫療和內在精神生活，採取怎樣的一種態度？她的最高層次自我，對人類到底應該怎樣過活，究竟有什麼憧憬和看法？這份願望，她老人家自己又能實現多少呢？

同樣重要的，是探究小時候你怎樣看待母親的夢想。憑著小孩的直覺，你認為她的價值觀和人生觀是正確的，還是錯誤的呢？如今，既然你已經「寬恕」了她，而你自己也已經度過了年輕時的叛逆，你對母親的價值觀又有什麼新的看法？

我認為，最重要的是現在——眼前這一刻，你的更高自我對你母親的一生所做的直覺分析。如果你能夠改變過去，如果你能夠調整你母親所做的一些決定，你究竟想改變、調整什麼呢？最後你必須反省：在兒童時期和往後日子裡對母親所做的觀察，對你長大後所選擇的生活方式，到底產生過怎樣的一種影響？

---

[53] 魏斯，《前世今生》（紐約，一九八八年）B. Weiss, *Many Lives, Many Masters* (New York: Simon & Schuster, 1988)。

認識父親

探究父親的一生，也應該遵循同樣的模式和程序。你不妨仔細觀察父親怎樣過日子，尤其是他怎麼跟別人交往，如何看待精神生活。哪一種人生哲學最適合他？有樣學樣，小時候你到底從他身上學到什麼東西？他對自己的一生曾經有過什麼夢想，這份願望究竟實現了多少？

莫忘了，你的世界觀和生活態度，有一半是小時候父親灌輸到你身上的（不管你喜不喜歡），這包括：你怎樣待人處世、怎樣跟同事或事業夥伴打交道、怎樣磋商和簽訂各種合約，以及怎樣賺錢養家活口。總而言之，小時候，父親把一套獨特的人生智慧和偏見展現在你眼前。現在你必須問問自己：在生命的最早期，你為什麼要透過這樣的角度看待人生？那時，你最關心、最想知道答案的人生問題是什麼？

就像對待母親那樣，你必須探索、分析你對父親的直覺反應。他的生活方式、社交圈子、人生理想和行事風格，有哪些是你能夠接受的？哪些你認為是錯誤的呢？以前，你覺得父親的一生是成功還是失敗？現在你還是這麼想嗎？如果可能的話，如今從你自己的觀點和立場出發，你想怎樣改變你父親的人生方向和他以往做過的一些決定呢？

融合兩極

一旦從高層次的、意義深遠的角度檢視父母親的一生，我們往往會發現，自己的父母親在世界觀、興趣和價值觀方面截然不同。這樣的兩個人把我們養育成人，引導我們進入社會，這究竟意味著什麼呢？從小，我們就常常看到父母親爭吵，試圖調和他們之間扞格不合的理念。身為兒女，我們對這樣的和解具有一種獨特的感受和認識。夾在性情迥異的雙親之間，我們逐漸長大成人；進入社會的過程中，我們一直努力，設法整合父母親所代表的兩種不同的生活方式和信念。[54]

我們面對的挑戰，是如何調解雙親的價值觀念，將它融合成一個更崇高、更能幫助我們追求人生真理的價值體系。就拿我個人的經驗來說吧！我父親一輩子追求玩樂和享受；在他心目中，人生是一場偉大的冒險。他的世界是世俗的，容納不下任何形式的精神生活，但不曉得什麼緣故，每次他準備盡情享受人生時，霉運就會降臨在他頭上——不是莫名其妙做出錯誤的決定，就是糊裡糊塗給自己招來災禍。在成長過程中，我眼睜睜看著父親這樣過日子，心裡很難過；從小我就領悟到：把人生當作一種冒險，需要一套更崇高、更明智的策略。我母親和我父親恰好相反，她認為，人生的目的是追求精神

---

[54] 戴爾，《你對你的孩子究竟有什麼期待？》（紐約，一九八五年）W. W. Dyer, *What do You Really Want for Your Children?*（New York: William Morrow, 1985）。

生活，但她那種精神生活是虔誠的、克己的。她犧牲個人的享受和玩樂，一生刻苦，只是為了幫助別人，只是為了消除社會上不公不義的事情。

我出生在這樣的家庭，成為這兩個人的兒子，到底有何意義？他們連自己的糾紛都調解不了。我母親一直想馴服我父親，千方百計地拉他去參加社區宗教公益活動，而我父親總是推託，說什麼男兒志在四方，怎麼可以一輩子守著小小的鄉里，至於如何拓展視野、增進人生閱歷，他自己卻不甚了然。如今，隔著一段時空，檢視父母親之間的衝突，我終於找到了解決的途徑：你可以像我母親那樣無私、虔誠地過日子，以服務為人生目的，但那樣的生活也可以變成一種好玩的冒險遊戲，從中你一樣可以獲得心靈上的滿足和精神上的鼓舞。我終於領悟，探尋更高層次的精神生活，是我這一生面對的基本課題。

調和父母親的生活，將他們人生觀最美好的一部分融合在一起，就某種意義來說，是在實現父母親的人生目標，幫助他們的心靈繼續成長、進化。最有趣的是，我發覺，父母親人生觀的綜合，正是我憑著直覺一心想追求的那種生活方式。看來，上天安排我投生他們的家庭，成為他們的兒子，目的就是要讓我醒悟到這一點。

薪火相傳，生生不息

新心靈覺知運動的興起，在某種程度上，是由於愈來愈多人開始從更高的個人角度，重新詮釋他們的童年生活經驗。在直覺的層次上，這種需求促使一九九〇年代許多美國人走進診所，接受心理治療。我們發現，一旦徹底檢討早期家庭生活，我們的心靈覺知就會擴展、提升。如今，我們追溯得更遠，終於領悟，我們投生為我們父母親的兒女，絕不是一樁意外。他們的人生觀和殘缺不全的生活方式，正是我們所需要的激勵；如此我們才能夠創造自己的人生觀，找到自己的人生方向。這是上天的安排，絕對不是毫無意義的、純粹的巧合。

在這層意義上，一如本書後面各章將探討的，人類的每一個世代，不論它追求靈性真理的程度如何，都會擴充和推展它所繼承的上一代世界觀。我們以這種方式，投身入進化的洪流中，而這種連綿不斷的心靈演進，現在已經成為許多思想家探討的課題。我們面對的挑戰是：如何把進化的過程變得更有意識、更有目標。

朋友、教育、初入職場

當然，早期的家庭生活經驗只是一個開端。進入青少年時期，我們就開始追求自己的生活。現在，我們不妨回想一下小時候所受的其他影響。先談談手足同胞吧！對自己的兄弟姊妹，我們到底有什麼感覺？從他們身上，我們究竟學到了什麼？為什麼某些人會吸引我們，而其他人卻讓我們退避三舍、敬而遠之？為什麼我們選擇某些人做朋友，對其他人卻不理不睬？仔細回想一下，我們為何會在那個時刻做出那樣的選擇？

至於學校的教師，為什麼我們會特別喜歡其中的幾位呢？每個人一生中，總會遇到幾位特別的老師；他們的觀點和態度格外吸引我們，因此，上起他們的課來，我們就會特別專心、認真，下課後盡量找機會向他們請益，討論各種問題。為什麼在人生的那個階段，我們會喜歡上那樣的老師？他們幫助我們發現什麼潛能和才華？

同樣影響深遠的，是我們在自身教育上做出的其他選擇。小時候，對未來的一生，我們有過怎樣的憧憬和夢想？我們最喜歡哪些科目？我們有沒有發現自己最適合從事哪一行？

成長的過程中，另一項重要的發展是就業。還在學校就讀或剛進入社會時，我們從事過什麼樣的工作？這些工作經驗如何啟發我們，讓我們認清自己，往後究竟想從事哪一種行業、走什麼樣的路？

檢討過去的生活經驗，目的在於探尋我們的生命歷程中所蘊含的機緣和意義。首先，我們應該體認，在成長的過程中，每個人都必須調和父母親所代表的兩種價值觀，在某種程度上代替父母親實現他們心中猶未完成的願望，然後，隨著我們的生命日漸進化，心靈日益清明，我們就能夠邁入一個新的人生領域，接觸到更深邃的生命知識。老師和朋友提供我們另一種生活方式，另一個觀測人生的角度。我們可以向他們學習，將他們人生觀美好的一面融入我們的意識中，成為我們獨特自我的一部分。

認清我們的人生使命

檢視個人的成長和進化歷程，我們可以釐清自己這些年的生活經驗——從孩提時代直到眼前這一刻。往後一生中，我們還會遭逢一連串的機緣和際遇，但現在你不妨回顧一下已經發生在你身上的事件，然後問問自己：經歷過我那樣的童年生活，體驗過各式各樣的際遇機緣，嘗盡人生的酸甜苦辣，我有什麼訊息要帶給這個世界？我能從自己獨特的成長經驗中探尋出什麼樣的真理，傳達給社會上的其他人，幫助他們更充實、更有靈性地過自己的生活？

這就是「檢討一生」（Life Review，譯註：參閱《靈界大覺悟》第二章〈回首來時路〉）的目的和意義。透過這樣的程序，我們可以釐清自己所代表的人生信念、生活態度，和想要傳遞給別人的訊息。我們準備跟世人分享的真理，並不一定要是巨大、複雜的。最重要的真理往往是最小、最簡單的。在我看來，最要緊的是了解在人生的這個階段，我們所代表的真理究竟是什麼；同樣重要的是，在適當的時機，勇敢地將這個真理表達出來。我們會發覺，在人生旅途上跟我們相遇的人，他們出現在我們眼前的目的，就是要聆聽我們的訊息。不管你自認你的真理有多渺小，它對這個社會的衝擊可能是巨大的、甚至全球性的，端視你的訊息影響了誰，而這些人又如何運用你的真理釐清、加強他們自身的真理，然後走出去影響其他人，把訊息傳播到全世界。

真理不斷在演進

只要我們遵循人生機緣的指引，我們所代表的真理就會持續演變、發展，但這個過程可不是盲目、隨性的，而是具有一個明確的方向和目標。我們得時時面對這個問題：如何處理我們找到的真理？換句話說，如何將它傳達給世人？我們應該把傳播真理當作一生的事業呢，還是將它視為工作閒暇的一種活動？

最最重要的是，我們必須隨時面對別人的質疑，讓我們的真理面對嚴苛的考驗和查核。我們不能光聽好話：真理愈辯愈明。此外，我們必須體認，再深刻、再能夠幫助別人追求美滿生活的真理，如果用太過深奧複雜、有如哲學般的方式表達，別人肯定會聽得一頭霧水，根本無法接受你想傳達的訊息。還有一點值得一提：真理並不一定全都跟性靈有直接的關係。當然，所有的真理都能幫助我們了解人生本質，將了解推向心靈的層次，但每個人所代表的真理，都必然跟他的工作領域或生活圈子有密切的關係。你的真理，可能是有關如何解決人與人之間的糾紛和衝突，而他的真理，也許是電腦科學中的一項新技術，但這個新發明能夠幫助人類釋放潛能，追求精神生活。

有一點我們可以確定：只要隨時保持警覺，專心致志堅守我們的真理，將身上的能量維持在一個高水平，我們會很開心地發現，出現在生活中的機緣不但開始增加，而且變得愈來愈有意思。

8 致力推動身心進化

也許，我們應該在這兒複習一下之前討論過的「新心靈覺知」。一開始，我們探討人生中不時出現的機緣巧合；我們發現，這類事件往往會把我們導向某種特定的命運或目標。

第二步是探索長久以來促使人類忽視、甚至排斥宇宙神祕現象的根本原因，尤其是心理上的因素，以克服舊世界觀在我們心靈中造成的窒礙。人類的物質文明成就非凡，我們應該讚許；但我們也必須體認，人生還有很多東西值得追求，現在時候到了，我們應該往前跨出一步，在進化的路程上繼續前進。我們相信，綻放中的人類心靈覺知，代表的是一種具有重大歷史意義的心靈覺醒。

接著，我們跨出第三步。在這個階段，我們真正體認到，自己生活在一個神奇、玄祕、能量瀰漫流通、隨時回應我們心中意念的宇宙。

順理成章的，第四步，我們學習如何因應這個靈性世界，尤其是，如何克服心中的不安全感，消弭人類為了爭奪能量所引發的衝突。我們每個人都必須採取主動，積極探尋世世代代哲人所描述的那種超絕經驗，以消除心中的不安全感，而這正是我們應該跨出的第五步。這種經驗會引領我們進入更高層次的意識中，幫助我們打開心扉，接通跟宇宙能源交流的管道。只要我們將自身的能量維持在高水平、把安全感牢牢建立在心中，就能夠隨時隨地跟宇宙能源取得聯繫。

一旦敞開胸懷迎納宇宙神聖能源，我們就可以跨出第六步，經歷一次重大的精神淨化——揚棄掉人生中不斷搬演的行為戲劇，從而發現真正的自我，找到這一生的使命：關於這個世界，我有什麼訊息和真理要傳達給別人？在這個階段，我們生活在更完整、更充實的知覺中，隨時保持高度警覺，捕捉人生不斷湧現的機緣，一步一步朝我們的命運邁進。

擴展知覺

現在我們準備跨出第七步了。在人生的這個階段，我們學習以高度的技巧，體察和掌握出現在日常生活中的機緣巧合。

讓我們再舉出一個例子，看看榮格所說的「同步經驗」——也就是我們所謂的機緣，究竟是如何運作的。假設你正在參加一場你很感興趣的演講會。坐在臺下，你一面聆聽，心裡頭一面尋思：「這傢伙從一個新的角度來探討這個問題，滿有創見的哦！我很想跟他談談，多了解一下他的觀點。」當天晚上，你到餐館吃飯，赫然發現這位演講人獨個兒坐在鄰桌。

顯然，你碰到了一個充滿意義的「巧合」。但事實上，早在這天晚上之前，你跟這個人之間的「機緣」就已經開始了。譬如說，當初你為什麼參加這場演講會？你從哪裡聽到消息？也許，你是在翻閱報紙時無意中看到廣告。但是，促使你參加這場演講會的真正動機，究竟是什麼呢？為什麼這一樁奇妙的機緣，偏偏在這一刻發生？

認清我們面臨的人生問題

即使我們已察覺到自己的人生使命，知悉我們這一生所要傳達的訊息，我們對這些訊息的理解仍會不斷演進，變得愈來愈清晰、明確。舉個例子來說：你發覺，在過去的生活中，你對植物一直懷抱著一份真摯的感情，於是斷定，保護植物生命應該是你此生所要傳達的訊息。接受這項啟示後，你就得考慮一連串問題：我應該繼續學業、進入研究所深造嗎？我是不是應該辭掉目前的差事，另外找一份跟植物有關的工作呢？

只要我們密切注意自身那日益擴展、不斷提升的覺知，細心聆聽它傳出的訊息，我們面臨的最迫切、跟眼前處境最有關係的人生問題，就會自動顯現。有時，靈光一現，我們發現了這個問題，得來全不費工夫。有時，我們需要人生的機緣際遇幫助我們尋找、界定人生的問題。譬如，你那天參加的演講會，主題是挽救美國碩果僅存的幾座古老原始森林。彷彿因應你的需求，在演講的過程中，主講人向聽眾介紹一些致力森林保育的非營利團體，以及可能的就業機會。

這類事件，光是一樁也許並不足以發揮決定性的作用，但是，當一連串機緣巧合出現在你眼前提醒你，現在可以考慮換個工作了，你就應該掌握這項訊息，把它看成你現在面臨的最迫切、最重大的人生問題。在上面所舉的例子中，你在餐館跟那位演講人不期而遇，而他湊巧坐在鄰桌。這樣的一樁機緣，在你面臨的人生抉擇中，顯然會發揮關鍵性的作用。

通常，在解釋生活中出現的機遇時，我們必須先弄清楚，自己現在面臨的最迫切的人生問題，究竟是什麼？在這個問題指引下，我們遵循自己的真理和訊息發展、演進的方向，詮釋和接納出現在我們眼前的每一樁機緣。

直覺

認清了目前面臨的人生問題，接下來我們該怎麼辨呢？你怎麼曉得自己應該去參加那場演講會？到底是什麼力量促使你做出這個決定？根據我的觀察，愈來愈多人開始察覺、運用人類的一項古老技能：直覺。

古往今來，人們不斷談論「預感」或「第六感」；這種本能直覺，往往會指引我們做出重大的人生抉擇。只有那些奉行機械宇宙觀的人才會對這類經驗嗤之以鼻，認為那不過是一種幻覺或妄想，最多只能把它當成一種社會提示（social cues）來看待。[55]然而，即使面臨這種文化壓力，在日常生活中，一般人還是會繼續「半有意識地」使用這種感覺，只是心照不宣而已。在西方，一直到最近幾十年，人們才敢再度公開肯定、討論和發揮直覺的力量。

我認為，我們現在面臨的挑戰，是如何將這種非常微妙的感覺，完整地引進覺知中，將它跟尋常的思維區隔開來。由於這項能力牽涉到內在知覺，我們每個人都得靠自己摸索，才能體會它的妙用。但人們現在似乎有一種共識，認為人類直覺的運作，確實具有普遍、共通的模式。

所謂直覺（intuition），指的是浮現在我們心中、跟未來事件有關的一個意象；科學家已經證明，「預知」（precognition）確實是人類的一項天賦能力。[56]它固然可能牽涉到我們自己，但也可能跟別人有關。通常，這種意象總是正面、積極的，有助於我們的心靈成長。萬一，出現在你心中的直覺是負面、消極的——譬如，預感到一場災禍即將發生，或必須避開某個地方——這時你就得好好想一想，此刻心中浮現的，究竟是源自一

---

[55] 沙岡，《惡魔出沒的世界》（紐約，一九九五年）C. Sagan, *A Demon Haunted World*（New York: Random House, 1995）。

[56] 穆菲，《身體的未來》附錄一（洛杉磯，一九九二年）M. Murphy, *The Future of the Body*, Appendix A (Los Angeles: J. P. Tarcher, 1992）。

再搬演的「控制戲」的恐懼思維，抑或真的是直覺發出的一個警訊。

再一次，我們得靠自己摸索和體驗，才能弄清楚這兩者之間的差別。不過，我倒是覺得，恐懼意象通常都跟一般性的、概念化的恐懼有關，往往不會牽涉到特定的事件。就拿上面所舉的例子來說吧。也許，你一向害怕獨個兒去參加一場演講會；倘若這份恐懼三番兩次浮現在你心中，那麼我們可以肯定地說，它應該是「一般性」的恐懼。但是，如果你只對某一場演講突生恐懼，而以前卻從不曾有過這種感覺，那麼，這個心象很可能就是某種直覺預警，而你最好聽從它的指引，採取相應的行動。

我們也必須辨別直覺和不正常的白日夢。你在心中一直回想、重演以前發生過的一場人際互動或衝突；你愈想愈氣，恨不得立刻找上那個激怒或得罪你的人，好好教訓他一番。這種白日夢，只不過是一種妄想——在腦子裡上演的一齣「控制戲」，我們可不能盲目遵從這種意象的指引，除非它傳達給我們的訊息是：算了吧，不要再繼續這一場無謂的鬥爭了。57

真正的直覺意象，大都牽涉到我們未來會採取的某種行動，而這個行動，往往會把我們的生活導引到一個對我們身心發展有利的新方向。而且，這種直覺通常會讓我們心中靈光一現，有如受到神靈的感召。

機緣的顯現

現在我們對人生的機緣——榮格所說的「同步事件」，有了一個更廣博、更深邃的看法。它開始於我們（有意識或無意識）的人生問題，然後向前推進。在上面所舉的例子中，你已經察覺到自己現在面臨的人生問題是：你是不是應該辭掉目前的差事，另外找一份跟植物比較有關係的工作呢？

就在這個節骨眼上，我們的直覺開始發揮重大的功能。這時，如果我們密切注意自己的思維，就會接收到直覺發出的訊息；它提醒我們，下一步該怎麼走，將來該去什麼地方。這個訊息也許非常含糊，混淆不清，但它確實是一種預感，提醒我們注意一樁將來可能發生的事件。在我們的例子中，你接到的訊息也許是一個你正在聽一場演講的鮮明意象，或是一幅模模糊糊的畫面，告訴你一項與植物有關的商業交易或工作機會。

之後，你翻開報紙，看到一則報導：一場討論植物問題的演講會即將舉行。霎時間，你心中靈光一現。你立刻掌握這樁機緣，興匆匆來到演講廳。這場演講，證實了你早些時接收到的心靈訊息。那天晚上，你在餐館用膳，赫然發現演講人坐在鄰桌，簡直不敢相信自己的眼睛。

總之，這類人生機緣通常是以下述方式顯現：開始時，我們只有一個朦朧的概念，大約知道這一生所要傳達的訊息或真理是什麼；漸漸地，這項訊息變得愈來愈清晰、明

---

57 霍爾尼，《我們這個時代的神經質人格》（紐約，一九九三年）K. Horney, *The Neurotic Personality of Our Time*（New York: W. W. Norton, 1993）。

確。最初，它以我們面臨的基本人生問題的形式顯現；接著，它轉變成我們這一刻面對的、實際的人生抉擇。之後，我們心中就會出現一個直覺；在這個意象中，我們看到自己採取某種行動，試圖尋求一個答案，解決我們面對的人生問題。如果我們保持高度警覺，與直覺相呼應的機緣就會顯現在生活中，給我們帶來我們所需要的答案。

當然，這些答案除了幫助我們解決第一個人生問題之外，還會繼續引領我們邁入新的人生階段，迎接新的人生問題。周而復始，整個過程就這樣繼續下去：問題、直覺、機緣帶來的答案、新問題。

夢

上文提到，在這個過程中，夢有時會扮演重要的角色，因為它是一種隱晦的直覺意象。通常，出現在夢境中的意象，總是一些光怪陸離的人物和荒誕不經的情節，但這些要素，一經分析，卻往往能夠幫助我們洞察自己在現實生活中的處境。在本書第二章，我們探討了如何解析夢中的情節，如何將它對照於日常生活的經驗。兩相比對，我們往往可以看出某種關聯；即使現在看不出來，也會在未來的某個時刻幡然領悟。[58]

譬如，你夢見一場戰爭。醒來後你就應該想想，在現實生活中，你是不是正在進行某種抗爭，試圖遏止某件事情。果真如此，那麼，這場夢的顯現，目的也許就是替你指點迷津，給你指出一個更好的、而你卻還沒想到的方向。你若遵照夢境的指引，這個新的行動方向也許就會像直覺那樣，給你帶來一連串重大的、甚至改變你一生的際遇機緣。

切記：以這種方式解析夢境時，我們必須把目前遭遇的人生問題擺在心裡，兩相參照、比對；這一來，在探索夢境意義時，我們就會有充分的依據，不致陷入瞎子摸象的窘境。我們應該問自己：夢中的情節和我們在現實生活中面對的問題，兩者之間，究竟存在著什麼樣的一種關聯？

靈光乍現

提升、加強直覺的另一個方式，是覺察眼前乍然顯現的「靈光」（luminosity）。所謂靈光，指的是一種特殊的現象：你突然感覺到眼前的某個地點或某件物體，驀然展現出格外迷人的光彩，讓你的眼睛為之一亮。相形之下，周遭的東西全都顯得慘澹無光、黯然失色。[59]

這會兒，你若身在原野中，你會發現眼前的樹林、岩石和土壤，突然變得比往常更加亮麗繽紛。這種現象類似上文探討過的玄祕超絕經驗：環繞著我們的一切東西，驟然

---

[58] 柯赫—施雷斯，《夢的原典：關於夢的歷史、理論與詮釋的一部令人眼界大開的指南》（洛杉磯，一九九五年）P. Koch-Sheras, *Dream Sourcebook: An Eye Opening Guide to Dream History, Theory and Interpretation*（Los Angeles: Lowell House, 1995）。

[59] 穆菲，《身體的未來》。

間，彷彿全都活了起來，變成我們身心的一部分，和我們整個人融為一體。只有一點不同：在「靈光」經驗中，這種現象局限於某一個特定地點，彷彿在向我們顯示，我們跟眼前的某個景物之間存在著一種特殊、神祕的關係。

在旅途中，每當遇到岔路、心裡猶豫不決時，我們往往會發現眼前一簇靈光顯現，為我們指點迷津。這種抉擇方式對舊有的世俗宇宙觀，當然會構成一種挑戰，因為傳統上，我們習慣以時間、地圖和其他理性因素為基準，選擇我們要走的路徑。以往，這種合乎邏輯的抉擇方式確實非常可靠；它總是能夠把我們平平安安地帶到我們要去的那個地方。

然而，一旦超脫傳統邏輯思維，在決策過程中學會運用直覺，我們就會發現，以長遠的眼光來看，這樣做反而能夠提升效率。直覺也許會把我們導引到一條在地理上比較漫長、崎嶇的路徑上，然而，你一路走來，說不定會遭逢到意想不到的機緣，獲得珍貴的訊息，從而提升你的生命品質，甚至改變你的一生。如果你一味使用傳統的邏輯方法選擇要走的路，就不一定會有這種際遇。

站在三岔路口，通常我們只是覺得，眼前的兩條路徑中，有一條似乎顯得比較吸引人。這時，你不妨仔細瞧瞧另一條路徑，看看它的光度，跟那條彷彿在向你招手的路徑相比，究竟是更加燦爛奪目呢，抑或是黯然失色？這種知覺得由每個人自行判斷，旁人無法代勞。但如果經過比較，你還是覺得先前那條路徑較吸引人，那就別猶豫，走那一條路吧！

探索神聖地點、尋找能量聚積的所在，可能也得依靠「靈光」的指引。上文提到過，神聖地點往往能夠激發玄祕、超絕的經驗，幫助我們打通接收內在神聖能源的管道。通常我們得依賴直覺，尋找最好的地點。有時，除了傳說和從別人那兒獲得的一些殘缺不全的資訊，我們一無所有，只能憑藉自個兒的力量在曠野中摸索。在這種情況下，想找到理想中的神聖地點，就得依靠眼前乍然顯現的「靈光」。

在遼闊、荒涼的原野中追尋，更需要靈光的指引。置身在這樣的自然環境中，如果我們保持高度警覺，瞭望四周景物，也許就會看到遠方的一座山峰，或附近的一片樹林和湖泊，展現出特別耀眼的光彩，深深吸引我們的心靈。到了那個地方之後，我們不妨使用相同的方法和程序，尋找一個更燦亮、更舒適、更能撫慰我們心靈的地點，坐下來好好沉思一番。

慎選公共場所的座位

直覺和靈光也能幫助我們在公共場所——諸如餐館或交誼廳——挑選一個好座位，尤其是在人際互動比較熱烈的場合。進入這類場所時，只要細心觀察，我們就會發現有一兩個座位顯得特別光亮、突出，彷彿在召喚我們。如果你進入的是一家餐館，這時你就得跟帶位的女服務生打交道，央求她讓你坐在你看中的那個位子上。不要嫌麻煩，因為坐對位子會讓你這頓飯吃得格外舒服、暢快，甚至會給你一種振奮的感覺。

以這種方式挑選座位，至少可以讓你掌握餐館內能量流動和顧客分布的狀況，一頓飯吃下來，保證心情十分愉快。走運時，說不定還會碰到一個重大的機緣哦！好幾回，我以這種方式在公共場所和陌生人結緣，一席話談下來，受益無窮。撰寫本書這一章時，機緣巧合，我在本地一家餐館就曾經有過這樣的一場邂逅。

那天稍早時，我在住家附近遇到一位正在慢跑的男士。我們交談了一會兒，他提到正在試驗中的一種空氣電離器和過濾機。當時我趕時間，沒工夫跟他詳談，但之後回想起來，我卻後悔不迭，因為他描述的那種電離器，對我當時正在從事的工作會有很大的幫助。我不曉得該上哪兒去找這位仁兄，只好把這件事忘掉，開車進城吃早餐。走進愛琳咖啡館（Irene's Cafe），望望周遭，我立刻被右邊一張靠窗的桌子吸引。女侍帶我走向餐館另一端，但眼前的那張桌子卻一逕散發著光彩，亮晶晶，彷彿在向我招手似的。

那張桌子的鄰桌坐著一群人，高聲談笑，但我正眼也沒瞧他們一眼，只顧呆呆瞅著我看中的那張桌子。女侍微微一笑，終於把我帶到那個位子上，我坐下來，拿起菜單，仍舊沒理睬鄰桌那幫人。就在這當口，我忽然聽到一個挺熟悉的聲音，於是抬起頭來往右手邊一瞄，赫然發現跟我談起電離器的那位慢跑者，就坐在鄰桌和一群朋友共進早餐。

我趕緊掌握這個機會向他請益。不用說，這頓早餐吃下來，獲益良多。

書籍、雜誌、媒體

靈光有時也會以書籍、雜誌和電視節目的形式顯現，向我們提供重要的資訊，幫我們解決問題。譬如，很多人有過這種經驗：我們需要的書籍有時會神奇地出現在我們眼前，真是踏破鐵鞋無覓處，得來全不費工夫。在《孤立無援》（*Out on a Limb*）這本書中，影星莎莉．麥克琳（Shirley MacLaine）提到一類很多人都曾體驗過的機緣。有一天，她在洛杉磯一間名為「菩提樹」（Bodhi Tree）的書店中，尋找一本她亟需一讀的書，找著找著，這本書忽然從書架頂端掉落下來，溜進她的懷抱中。[60]

幾乎同樣普遍的是這樣的一種經驗：你眼前的一本書，驟然間綻放出燦亮的光彩，變得格外吸引人。事實上，我相信，任何人只要提升他們的心靈知覺，肯定都會不時遭逢到這類機緣。我們偶然走進一間書店，隨意瀏覽；突然，我們的視線被一本書吸引住了——這本書也許擺在書店的另一端，距離我們相當遙遠，但不知怎的，它卻顯得特別明亮、耀眼。有時，隔著這麼遠一段距離，我們甚至能夠看見這本書的封面，以及印在上頭的作者姓名和書名；在尋常的狀態下，這幾乎是不可能的。[61]

這種經驗當然並不局限於書籍，雜誌和某些電視節目有時也會驀然展現出靈光，讓人眼睛一亮。佇立書報攤前，凝視著琳琅滿目的雜誌，如果我們提高知覺，常常會發現有幾本雜誌顯得格外突出，宛如鶴立雞群一般。我們拿起這本雜誌，翻開一瞧，發現裡

---

[60] 麥克琳，《孤立無援》（紐約，一九九三年）S. MacLaine, *Out on a Limb*（New York: Bantam, 1993）。

[61] 穆菲，《身體的未來》。

頭有一篇文章或社論，正是我們需要的資料。這不是「機緣」是什麼呢？

我們也可以用同樣的方式觀賞電視節目。面對幾十個有線和衛星電視頻道，我們坐在電視機前，手裡握著遙控器，盲目地按著，轉過一臺又一臺，不曉得究竟該看哪個節目。這時，我們就得求助於「靈光」。在它指引下，我們常會找到能夠抓住我們視線和興趣的節目。

奇妙的眼神

有時我們會注意到，我們的眼神很自然地投射在某個人、某個地點或某個物體上。如果留心傾聽，我們會發覺，最近人們在談論精神靈修這類話題時，常會提到這個奇妙的現象。譬如，有些朋友說，他們在林子裡漫步，走著走著，不知怎的，視線會自然而然地投落在一條小徑上。在書店瀏覽書籍雜誌，同樣的現象有時也會發生。這個現象跟「靈光」稍有不同，我們腦子裡想著一件事情，眼睛和心靈卻把焦點投向別的地方。

有時，我們漫不經心地轉過頭去，卻發現有一個人正望著我們；這是很多人都曾有過的經驗。事後，我們也許會問自己：為什麼我會在那一瞬間抬起頭來，望向那棟建築物或那座公園？

乍看之下，我們身體傳出的這些訊息也許顯得荒誕不經，了無意義，但有些時候，它卻是一個充滿徵兆、值得我們進一步探索的直覺。只要我們肯花幾分鐘時間專心探尋，這種直覺往往會引導我們走上一個新的冒險旅程，或經歷一樁奇妙的邂逅情緣。

積極進取

隨著經歷的人生機緣不斷增加，我們應該保持積極進取的人生觀。一旦我們敞開胸懷迎納內在神聖能源，找到激勵我們繼續向前進化的真理，並掌握住我們面對的人生問題，機緣的顯現就會加速，而且會變得愈來愈容易詮釋。然而，在追尋的過程中，一不留神，我們也許就會摔上一跤，悖離積極進取的人生觀，流失我們蓄積的能量。

早些時我曾提起，撰寫《聖境預言書》的過程中，我好幾次發現自己陷入死胡同中，倉促間找不到出路。之前，寫作一直非常順利，豐美、奇妙的機緣際遇源源不絕湧現在我眼前，幫助我寫作這本書。驟然間，某些事情發生了；我猛然醒悟，原來我把這整個寫作方向都弄錯了。在這種時候，我會感到很灰心，真想放棄整個寫作計畫。我不明白，花了一番心血辛辛苦苦寫出來的東西，怎麼會就這樣一下子分崩離析了呢？

這些死胡同一再出現，直到我領悟，我那麼容易感到灰心、消極，只是因為我不想讓寫作計畫延宕下來——我急著完成這本書。我們每個人都得自己去領悟，在我們高層次的覺知中，負面、消極的事件和經驗是不存在的。

人生在世，難免會遭逢一些不順心的事情，甚至悲慘、邪惡的災禍。然而，一如維克多．法蘭克爾（Victor Frankl）在他那部經典著作《人類追尋意義》（Man's Search for

Meaning）[62]中指出的，在個人身心成長和意義的層次上，負面經驗代表的只是挑戰；最悲慘的遭遇也會帶來機會，促使我們的心靈進一步成長。在身心進化的過程中，每一場危機、每一個死胡同都只是一項訊息、一個機會，促使我們改變人生的方向。開始時，我們的日常自我不見得會喜歡這個新方向，但是，我們的更高自我卻能在這場挑戰中看到一幅嶄新的人生景象。

在負面事件中尋求正面意義，實在太重要了。我常看到有些人展開心靈之旅，經歷一連串機緣，終於邁入成長和自覺的境界，卻不巧在這時候碰到死胡同，於是就感到氣餒、灰心，以負面的態度解釋這個事件，甚至因而放棄追尋。

這種情況之所以發生，是因為有些人以為，人生最長遠的目標和理想是一蹴可幾的。如果我們不能依照自定的時間表實現這些目標，我們就會開始怨天尤人，甚至懷疑自己是不是走錯了方向。事實上，死胡同的作用在於提醒我們：這會兒，我們還沒蓄積足夠的能量，還沒徹底擺脫我們慣常扮演的「控制戲」。在我們人生中的這些機遇，幫助我們清理個人的恩怨，找回愛心和內在的安全感。唯有找回超絕的境界，我們才能夠擺脫自我的需求，而開始從客觀的角度，看待和詮釋出現在生活中的種種機緣巧合。

進化應講求策略

我們必須記住，本書所探討的新心靈覺知，是我們兩個自我——理性的自我和直覺的自我，中間的一個平衡點。我們不會拋棄人類經過長久奮鬥才獲得的理智力量；相反地，我們會把它跟我們那更高層次的自我結合在一起，讓兩者互相制衡。這一來，我們就能夠跨入人生的新境界，進入宇宙的新天地，讓那兒源源不絕湧現出來的一個個小奇蹟，指引我們繼續追尋。

關鍵在於：我們必須敞開胸懷，迎納不斷顯現在生活中的機緣，切勿遽下結論。人生的每一樁神祕事件，都會給我們捎來重要的訊息。只要我們把自身的能量維持在高水平，只要我們隨時記住這一生想要傳達的真理是什麼，機緣就會源源而來——也許不如我們所期望的那麼快速，但肯定會繼續湧現。一旦釐清此刻面臨的人生問題究竟是什麼，直覺意象就會浮現在我們心中，提醒我們下一步應該怎麼走。如果我們遵循直覺的指引，採取相應的行動，繼續探索、追尋，生命就會不斷向前邁進。

只要充分掌握人生機遇，我們就能夠往前跨出一大步，開始在日常生活中實踐新心靈覺知。我們會發現，人生中的種種機緣際遇——榮格所說的「同步事件」，有一大部分是透過別人出現在我們的生活中。一旦我們體會到這一點，學會如何跟別人展開交往、互動，我們就能夠把自身的精神進化提升到一個更高的層級。

---

62 法蘭克爾，《人類追尋意義》（紐約，一九九三年）V. Frankl, *Man's Search for Meaning* (New York: Buccaneer, 1993)。

9 實踐新人際倫理

誠如馬歇爾．麥克魯漢（Marshall McLuhan）在他那部劃時代巨著《媒介即訊息》（*The Medium Is the Message*）[63]中指出的，現代大眾傳播媒體蓬勃發展所產生的影響之一，就是縮短地球的心理距離。電視、收音機和電腦的日益普及，使我們這個世界變得愈來愈小；只消按一按鍵盤，我們就能夠目擊地球另一端正在發生的事情。

在地區性的層次上，這種全球對話和交流所產生的一個效應，就是促使我們對文字和詞語——即使是在幾種不同的語言之間——做更精確的解釋。世界變得愈來愈小，人類的同質性也就相對提高，對彼此的了解日益加深。

僅僅一百二十年前——比一般人的壽命只多幾十年而已，在美國的一些地區，決鬥還是合法的行為。決鬥的原因往往只不過是一時失言，讓對方覺得受到侮辱，或在交談中使用不當的詞語，而同樣一種措辭，在其他地方完全可以被接受，但在另一個地區卻會引起爭執，甚至鬧出人命。

這種誤解造成的悲劇愈來愈少了，因為今天在美國，生活在不同次文化和地區的人，彼此之間的認識和了解比以往深得多。有些學者和評論家也許會譴責電視破壞各地的差異性——多樣性的喪失，確實是美國文化面臨的一個重大問題——但現代媒體呈現出美國各地的文化和生活，透過這種方式將美國人凝聚在一起。一旦我們把美國各地（有時甚至是世界各地）使用的語言文字的意義同質化，就能夠進入彼此的心靈，加強對話和交流，讓人生的機緣以更高的頻率出現在生活中。

日常談話中的玄機

機緣式的訊息往往來自別人。美國社會流傳一則諺語：學生一準備好，老師就會光臨。用比較現代的措辭來表達，這句古箴言的意思也許是：如果我們敞開胸懷、保持敏銳的意識，準會有人出現在我們生活中，及時捎來我們迫切需要的訊息。接收這類資訊的訣竅，在於時時保持警覺，掌握機會，勇敢地探索這一類不期而遇的「邂逅」所蘊含的意義。當然，跟陌生人接觸時，為了自身的安全著想，適度的防範措施是必要的。

---

[63] 麥克魯漢，《媒體即訊息》（紐約，一九八九年）M. McLuhan, *The Medium Is the Message*（New York: Simon & Schuster, 1989）。

機緣巧遇隨時隨地都可能發生，但如果你不願意採取主動，這種機遇是不會自動送上門來的。譬如，在上一章所舉的例子中，你一時心血來潮，跑去聽一場跟植物有關的演講；在這過程中，你獲得你需要的資訊：這個領域中目前的就業機會。聽完演講，你去吃晚餐，巧之又巧，在餐廳裡，你遇到這場演講會的主講人。

接下來該怎麼辦？一般人碰到這種機遇，其中一方或雙方往往不敢採取主動，上前攀談，因而平白錯失了這樁因緣。但我有信心，隨著人與人之間的相互了解日益加深，這種情況終究會改變。如今，愈來愈多人體察到身心進化的本質和程序，開始採取主動，敞開胸懷，跟別人分享他們這一生所要傳達的訊息和真理。

讓我們再瞧瞧上面那個例子：在餐館中，你正坐在那位演講人旁邊。機緣巧遇既然已經發生，下一步自然是主動上前攀談；切記，態度要誠懇、謙和，千萬別把對方給嚇著。你不妨開門見山，告訴這位仁兄：「今天我去聽您的演講，收穫很多，因為我正想進入這個行業，幫助挽救瀕臨絕種的植物。」

演講人在回應你的話時，也許會提供你另一個重要的訊息，諸如：「我訂有一份《植物學界最新資訊》（*Botanical Update*），因此對這一行的就業機會還滿了解的。」跟這個人交談後，你當然會去找一份《植物學界最新資訊》瞧瞧，說不定還能從中找到更多訊息。

互相提攜，彼此激勵

但是，如果我們跟一個人相遇，攀談的過程中卻沒浮現出任何訊息，那又是怎麼回事呢？會不會是因為這些訊息在中途被某種恐懼心理或「控制戲」攔截住了，無法傳送到我們身上？在這種情況下，首先我們必須反躬自省，透過上文曾經探討的幾種途徑——愛心、輕盈感、民胞物與的情懷，設法提振自身的能量（譯註：參閱本書第六章）。

從這個層次較高的心靈能量境界，我們可以透過清新的眼光，重新審視眼前這個正在跟我們交談的人。上文我們討論過，面對一個正在搬演「控制戲」的人，首先，我們必須將全副心神集中在他身上，經由這種方式，把愛的能量傳送給他。事實上，我們所做的，是將心靈能量傳遞給這個人的更高自我，幫助他擺脫被控制戲所界定的僵硬人生觀。

西方的玄祕傳統告訴我們，傳輸這樣的能量必須經由某種特殊的途徑。[64]人類的臉孔具有五官、輪廓和陰影，看起來就像心理測驗所使用的墨漬。在一張臉孔中，我們可以看到各種各樣的神情，端視我們本身的態度而定。在我們搬演的控制戲中，倘若我們預期每一個人都是兇巴巴、愚不可及，或冷冰冰拒人於千里之外，便會在這個人臉上看到

---

[64] 布伯爾，《我與你》（紐約，一九八四年）M. Buber, *I and Thou*（New York: Simon & Schuster, 1984）。

這樣的神情。事實上，這個人開始跟我們交談時，通常也會有同樣的感覺，甚至會真的使用恐嚇的、傻里傻氣的，或心不在焉的口氣跟我們說話，然後在事後才告訴我們，在這場談話中，他彷彿被迫扮演這樣的角色，身不由己。

切記：宇宙會回應我們的心願和意圖。思維和信念就像祈禱一樣，一旦從我們心靈發散出來，就會感動周遭的世界，促使它回應我們的需求。因此，我們必須隨時將自身的能量保持在一個高水平，同時以正面、積極的方式，善用心願所能發揮的力量。

可是，究竟要怎麼做才能實現這一點呢？怎樣把這個新焦點應用在另一個人身上？審視別人的臉孔時，我們應該把焦點集中在哪裡呢？

答案當然是：我們必須以開朗、坦誠的態度，全心全意欣賞這個人的整體神貌。此人談話時，我們若仔細觀察，肯定會在臉龐上看到他真正的更高自我，反映他內心的更大覺知和知識的那種表情。這種現象，不同的宗教傳統有不同的說法，諸如在別人臉龐上看到神光、基督或聖靈。不管我們怎麼稱呼它，一旦我們開始和這個更高自我展開對話，同時將自身的能量傳送給他，此人就會開始進入愛的覺知中，跟我們展開互動——說不定，這是他生平第一次感受到愛的覺知呢！

這就是傳送能量、提攜別人的方式和程序，現在，我們每個人都能夠積極參與其中。根據我的觀察，愈來愈多人開始運用這套程序，作為人際交往的一種高層次的、合乎倫理的態度和立場。幾千年來，世世代代的哲人一直在倡導民胞物與的情操和愛心，如今，我們總算開始學習如何運用具體的程序和步驟，將它落實在日常的人際互動中。

我們必須了解，把自身的能量輸送給別人，並不只是單純在做好事。傳遞愛的能量必須使用一套精確的、合乎心理學原則的方法；使用這種方法時，我們必須格外專注，心裡懷著某種特定的意圖和目標。這是利人利己的行為，因為在這樣的人際交往和互動中，我們獲得的東西，往往比我們付出的多得多。我們付出自己的能量提攜別人，幫助他們認清人生目標，實現更高的自我。一旦做到這點，他們通常會回饋我們，譬如向我們透露他們目前正在進行的一項計畫，而這個訊息，說不定就是我們一直期待的機緣。

這樣的人際互動還會給我們帶來另一個好處：提高自身的能量。每當我們把愛的能量傳送給別人，我們自己就會變成一條管道，吸納來自上天的神聖能源；它流通我們全身，充塞我們整個心靈，就像一只杯子注滿了水，溢入周圍其他杯子中。當你感覺到自己和內在神聖能源的連結被切斷時，我勸你，趕緊把自身的能量傳送給別人。我們付出愈多愛心，流回我們身上的能量也就愈多。這是找回能量最快捷有效的方法。

群體中的能量交流

在群體互動中，這種傳送能量、提升別人的作法，往往會產生相加相乘的效果。想想看，當一個團體的所有成員都以這種意圖明確的積極方式展開交往和互動，你眼前會出現怎樣的一幅景象。每一個人都凝注於夥伴們臉龐上散發出的光彩，把全副心神投注在那最美好、層次最高的自我身上，而其他人也全都同時回饋他（譯註：參閱《聖境預言書》第八章〈人際倫理〉)。

將這種程序運用在群體中時，每一位成員都必須全神貫注，專心致志。第一位成員開始發言時，其他人都把目光轉向他，尋找到他臉龐上流露的更高自我表情，並把全副心神投注其上，向他傳送能量和愛心。於是，這個人就會感受到一股能量源源不絕地從其他人體內流淌出來，灌注到他身上，使他覺得無比愉悅、滿足，心靈也變得格外清明起來。這會在群體互動中產生「溫室效應」，因為從別人身上吸取能量的這個人，會把累積的能量——夥伴們的能量加上自身的能量，傳回其他人身上，而後者又會有更多能量得以傳回。如此，周而復始，循環不息，這個團體所蓄積的能量就變得愈來愈豐沛了。

以這樣一種規律的、有系統的方式提升每一位成員的能量，是每一個人類團體都具有的更大潛能。這或許就是《聖經》中提到的：「當兩個人或更多人以我的名義聚集時，我就會出現在他們之中。」跟神聖能源連結，使它變得更加豐沛旺盛，是人類聚合在一塊、組成各種團體的真正目標。不論它是教會裡的小團體，或是一支科技團隊，這套方法和程序都能大幅提高每一個成員的創造力，使他們的潛能得以充分發揮。

理想的群體互動

讓我們想像，在一個理想的團體中，每一位成員都明瞭，一旦徹底發揮潛能，他們的能量究竟可以提升到什麼程度。這樣的團隊一集合起來，每個成員都會立刻集中精神，專心致志，跟內在神聖能源和愛心搭上線，緊密連接在一起。此外，大夥兒都充分體察到，此刻他們面對的人生問題究竟是什麼，他們想傳達的人生真理又是什麼。每個成員都做好心理準備，一心等待機緣的降臨。

在這種情況下，當某一位成員開始發言時，其他人都會不約而同地凝神注視他臉龐上流露出來的、代表最高自我的神采。以此方式，大夥兒都有意識地將自身的能量和愛心傳送到這位夥伴身上，替他打氣，幫助他把意見清晰完整地表達出來。第一位發言者結束說話時，場中的能量會很自然地流向另一個人。這種轉移進行的當兒，團隊中的大部分成員會感到能量的流動平緩下來，但接著該發言的那個人，卻會感到一股靈感湧來，把一個觀念真理灌注入他的心靈中。

當然，我們每個人都有過類似的經驗：突然間覺得有話要說。而如果我們所屬的是一個功能健全的團體，它肯定會提供我們空間，讓我們暢所欲言，把心中的意念提出來跟大夥兒分享。在一個理想的團隊中，大夥兒都能察覺出下一個該輪到誰發言，並且會不約而同地把自身的能量投射到這個人身上。

群體互動經常碰到的問題

能量從一個發言者流向另一個發言者的過程中，有時會出現差錯，也許會有兩位成員爭著發言。根據我的觀察，這種情況之所以發生，往往是因為其中一位發言者跟整個群體的互動脫節——也許，他沒專心聆聽別人的發言，冒冒失失，急著想把先前想到的一個意見表達出來。這時，夥伴們就會感覺原本順暢流通的能量驟然中斷了。大家都覺得，你實在不應該在這個時候改變話題，阻礙討論的進行。在一個功能健全的團體中，往往有一位最適當的發言者，能夠提供最好的意見，擴展正在討論中的話題。把整個討論導引到一個有意義、對大夥兒都有啟發作用的方向。

自我膨脹

還有一些因素也會阻礙群體互動，其中之一是「自我膨脹」，例如某位成員占住發言臺，賴在那兒不肯下來。這類情況通常是這樣發生的：團隊中的能量流通一直十分順暢，夥伴們專心致志，向每一位發言者傳送能量和愛心，但輪到這位仁兄發言時，他卻只顧喋喋不休講下去，東拉西扯，沒完沒了，儘管這時候能量已經開始轉移到別人身上，而夥伴們也已經聽得很不耐煩了。

團隊中的其他成員，一旦察覺到能量的流通被硬生生切斷，就會感到焦躁不安。情況失控時，整個團隊會淪落成一場權力鬥爭；在自尊心驅使下，大夥兒爭相搶奪發言機會，誰也不讓誰，場面亂成一團。

自我膨脹行為所反映的，往往是內在的不安全感。這個人發言時，他感到渾身充滿能量，意氣風發，神采飛揚。如果這是他獨處時無法達到的境界，他就會賴在發言臺上，捨不得把機會讓給別人，因為群體的能量讓他感到十分舒爽、愜意。於是，他盡量拖延時間，希望能繼續保有夥伴們的注意力和能量。這種不安全感相當普遍，它意味著，這位仁兄應該回家，好好修鍊一番，設法加強內心的安全感，學習把自身的能量傳送給別人，而不只是一味接收別人的能量。

消弭群體中的自我膨脹，關鍵在於：一察覺到問題出現，就立刻採取因應措施，以免影響群體互動的正常運行。最理想的解決方法，當然是讓這位發言者認清他給群體帶來的困擾，從而自我約束。如果這位仁兄執迷不悟，眾所公認該出面發言的那位成員就應挺身而出，以最婉轉的口氣對他說：「我們能不能回到你先前提到的一個論點？我想發表一點意見。」如果這位仁兄依舊霸占住講臺不肯下來，那麼其他成員就應該介入，通力合作，將群體能量導引到接下來發言的那個人身上。

唱反調

唱反調的作風，往往也會妨礙群體互動的運作和進行。在一個團隊中，難免會有一兩位成員愛唱反調。這些人欠缺安全感，因此，在群體互動的過程中總喜歡跟別人抬槓，針鋒相對，以爭取能量和關注。在團隊活動中，引發這種不安全感的因素固然很多，但最常見的「觸媒」，往往是某位成員針對某一話題所做的評論；有時，某位成員人格上的特徵也會激起類似的反應。[65]

[65] 蕭，《群體互動》（紐約，一九八〇年）M. Shaw, *Group Dynamics*（New York: McGraw-Hill, 1980）。

唱反調的現象是：團體討論進行的當兒，一位成員突然插嘴，對發言者的論點提出異議。當然，在任何團體討論中，難免會出現不同的觀點，但那是能量流通的自然現象和結果；在這種情況下，夥伴們會把注意力轉向這位成員，傾聽他或她的意見。但如果群體能量的流向並未轉移，而某人卻突然開口打斷發言者的談話，夥伴們就會覺得他是故意在找碴，這就是所謂的「唱反調」。

唱反調的另一個現象是：即使其他成員挺身而出，支持前一位發言者，唱反調的人卻總是不肯罷休，兀自爭辯下去，一再重複其論點。通常，只要有了第一次，往後他肯定會重施故技，不時打斷別人的談話，以爭取大夥兒的注意。唱反調的作風是很嚴重的問題，因為它會妨礙討論的進行。

對付專門唱反調的成員，就像對待自我膨脹、愛出鋒頭的夥伴，我們必須採用外交手腕，小心翼翼回應他的挑戰。他的發言若是一般性的，並不涉及人身攻擊，任何一位成員都可以出面制止他。但如果他的發言是針對某一位成員，被當作目標的人就應該自己出面——至少剛開始時應當如此——擺平這個專門找碴的傢伙。

就像面對一齣「控制戲」，我們必須設法讓當事人認清問題的本質。我的建議是，不妨把這位夥伴請出來，到外面私下談一談。如果仍舊無法奏效，我們才應該把問題攤開來，公開討論。如果團隊中的成員都具有高度的知覺，那麼這種公開討論應該不至於引起紛爭，破壞團隊和諧。

悶不吭聲

群體互動經常碰到的另一個問題是：當整個團隊的能量轉移到某位成員身上時，他卻保持緘默，自願放棄發言機會。這時，大夥兒就會感覺到能量的流通中斷，變得死氣沉沉。在這之前，討論可能進行得十分順利，大夥兒暢所欲言，可是，當前一位發言者的能量開始消退、流向另一位成員時，這個人卻悶聲不響，兀自呆坐在那兒。這時，大夥兒會面面相覷，不知如何是好，也許會有人故意瞄他一眼，示意他發言，但他卻裝作沒看見，依舊不吭聲。

參加團體活動，幾乎每個人都曾有過怯場的經驗：討論正在熱烈進行中，我們留神傾聽夥伴們的發言，驟然間，感到一股能量洶湧而出，瀰漫全身；我們覺得心中有話要說，不吐不快，可是不知怎的，當團隊的能量轉移到我們身上時，我們卻猶豫了，好一會兒鼓不起勇氣開口說話。

這種情況一旦發生，群體互動的進行就會遭到窒礙，不能發揮應有的效果。在團體討論中，能量和訊息的流通是否順暢，關鍵在於每一位成員能否掌握最適當的時機，起身發言。只要有一位夥伴怯場，整場討論的效果就難免會大打折扣。當然，問題的癥結在於，這位成員對自己缺乏信心，對夥伴們欠缺充分的信賴。若想消除這種不安全感，或至少把它降到最低程度，我們就必須設法使每一位成員放鬆身心，讓他在團隊中感到舒適自在。有些時候，只需把群體互動的速度放慢，就能達到這個效果。

討論進行的當兒，氣氛若是過於熱烈，夥伴們接二連三紛紛發言，互動的速度就會加快，這一來，大家都沒有充分的時間思考和回應。速度一旦放慢下來，個性比較羞怯靦腆、還不習慣群體互動的成員，就會有充分的時間調適，做出恰當的回應。

這一生中，我們每個人都曾經自我膨脹、唱反調，或是怯場。但是，只要我們時時刻刻意識到這些陷阱存在，就能在參與團體活動時，避免讓這些問題發生。只要每一位成員都保持警覺，開誠布公地把察覺到的問題提出來討論，群體互動中可能出現的任何障礙都是可以克服的。

互助團體

很多人已經在有組織的互助團體中跟別人會面、交往，[66]這種群體互動，往往能夠給我們帶來許多心靈上的好處。美國的互助團體五花八門，種類繁多，有些專門幫助人們戒除各種癮癖（諸如酒癮、毒癮、暴飲暴食、購物狂），有些則以特定人生問題為導向（諸如親子關係、獨居、如何面對死亡和臨終、分居、離婚、就業輔導等），形形色色，應有盡有。

另有一類互助團體，是以探討比較正面、積極的人生問題為目標，這類團體的宗旨，在於探索、擴展人類的創造力、直覺和神祕經驗。它提供成員一個場合，讓他們有機會在現實生活中測試、考驗自己的心靈覺知和夢想。它幫助每一位成員將能量保持在一個高水平；如此一來，他們就能夠互相提攜，共同擴展他們的知覺和能量，讓身心不斷成長、茁壯，邁向進化的更高境界。

治療與保健

有許多互助團體特別關注會員的身心健康，甚至會輪流將每位會員安置在團體中央，齊心協力，一面把能量和治療意念投射到此人身上，一面在心中臆想此人體內的原子在最完美狀態下振動的情況。科學實驗證明，這種凝聚、專注的群體意念具有祈禱的效能，在某種程度上，確實能夠促進人們的身心健康。

如果你已經加入某個互助團體，我建議你們，把這一套修鍊程序納入日常活動和座談。方法很簡單：大夥兒圍坐成一個圓圈，輪流更換位子，互相投射能量和健康意念。當然，這種修鍊絕對不能取代專業醫療保健，但我相信，只要運用得法，它確實能夠發揮某種程度的效用，幫助我們維持健康能量。

---

66 史托克斯，《自力更生：全球問題的本地解決方案》（紐約，一九八一年）B. Stokes, *Helping Ourselves: Local Solutions to Global Problems*（New York: Norton, 1981）。

尋找適合自己的團體

如果你現在還沒加入任何團體，那麼，在人生的這個階段，你面臨的迫切問題也許就是：「我怎樣才能找到一個適合我的團體呢？」在這個節骨眼上，只要隨時保持警覺，人生的機緣自然會引導你找到理想中的團體。記住：隨時將內在能量維持在一個高水平，如此一來，加入團體後，你才能跟夥伴們展開健全的互動和交流。如果我們帶著不安全感加入一個團體，就難免會把群體當成能量的主要來源。在這種情況下，身為團隊的一分子，我們收受的就會比付出的多得多，而其他成員，則會把我們的依賴看成是蓄意榨取能量，居心叵測。

察覺我們慣常搬演的「控制戲」，尋找屬於我們的人生訊息和真理，這些功課也可以在團體中進行，只要大夥兒都對這類課題感興趣，願意在這方面花時間下點工夫。團體討論也能幫助我們探討自己面臨的人生問題，以及探索直覺、夢境和某一樁機緣所蘊含的意義。

我相信，一旦我們做好心理準備，將能量維持在一個高水平，理想中的團體就會出現在我們眼前，邀請我們加入。不過，我曾經遇到一兩個人，他們已經做好充分的準備，尋尋覓覓，卻一直找不到適合自己的團體。在這種情況下，我的建議是：乾脆自己成立一個吧！這是上天分派給你的任務！成立一個團體乍聽之下似乎挺困難的，但我相信，只要我們有這份心願，時時保持警覺，機緣自然會引導我們找到志同道合的夥伴。

不久，我們就會在雜貨店或購物中心裡，遇到陌生人過來跟我們攀談，並告訴我們說，他也正在尋找一個適合自己的團體。就這麼樣，一個新團體組成啦！

情愛

在與新人際倫理有關的諸多問題中，我們最迫切想知道的，莫過於如何追尋愛情。儘管新心靈覺知日益蓬勃發展，但在這方面，我們面臨的依舊是一些非常古老的問題：如何維持浪漫的男女關係？為什麼到頭來愛情總會變質，淪為一場複雜的權力鬥爭？

開展一樁浪漫情緣並不困難。我們偶然回頭一望，哇！我們的夢中情人不就站在那兒嗎？第一次交談就覺得挺投緣的，不像以前那種一廂情願的單戀，這回好像是真的哦！郎有情來妹有意。我們發現彼此之間有太多共同點，像是價值觀啦、生活方式啦、興趣啦，簡直一模一樣。

哦，那份激情！我們雙雙墜入愛河中，享受靈與肉最完美的結合。也許過了一段時間，我們開始把對方當成唯一的約會對象，不再跟別人廝混；也許再過一段日子，我們決定結婚，準備建立一個小家庭。多少年來，我們頭一次感到真正滿足；這輩子尋尋覓覓，如今總算找回了失落的另一半。你告訴自己，這樣的人生才值得活下去。

然後，變了。有一天，你忽然覺得好像有什麼東西不太對勁。你發現，你的伴侶有一種行為讓你很看不順眼，因為它實在有點粗俗，不管怎麼看，都跟浪漫的愛情連接不起來。接著你又發現，對方不再像你們剛相好時那樣關心你了。也許，你會忽然領悟，你的伴侶從不曾真正關心你，而且在某些方面從不曾真正滿足你的需求，只是當時你正在熱戀中，並沒察覺到這一點。讓你感到驚訝的是，你發覺你的伴侶對你也有相同的抱怨——他或她也看不慣你的某些行為。你開始防衛自己，對方也採取相應的行動，一場典型的男女權力鬥爭於焉展開。

爭奪能源

從新心靈覺知的角度觀察，我們現在總算明白到底發生了什麼事情。愛情之所以變質，淪為一場權力鬥爭，是因為我們開始依賴對方，冀望從對方身上獲取能量，而不再仰賴自己內在的神聖能源。

讓我們檢視一下這個問題所牽涉到的社會因素和互動關係。根據舊有的物質主義世界觀，小男孩是在母親的照顧、養育和監護下長大的。父親對待兒子比較嚴苛——畢竟，男孩子得學習面對冷酷的世界，才能成為真正的男人，於是，在小男孩心目中，母親就變成了一個神奇人物。身為男孩子，他必須和母親保持某種距離，不可以成天膩在她身旁，但不論什麼時候，只要感覺到自身的能量下降，他就會渴望回到母親懷中——至少在心理上。

小女孩最初也是在母親養育下長大，可是，對她來說，母親是雙親中比較嚴厲、苛求的一位，因為身為母親，她必須教導女兒怎樣做一個女人。至於父親，卻是小女孩心目中的神奇人物——至少在她成長的那些年頭。父親寵愛她，把她當偶像似地捧在手心上。父親總是出現在她的幻想中，讓她感到非常溫暖、安全。

這種傳統、刻板的角色區分和態度，至今依舊影響我們的親子關係。我們固然可以聲稱，在現代社會，這樣的角色區分早已變得毫無意義，但實際上，在男女關係中，無意識的心理制約就像幽靈一般，三不五時就會悄悄浮現出來，成為能量爭奪和權力鬥爭的基礎。於是夫妻開始爭吵，互相挑毛病，愈看對方愈覺得不順眼。說穿了，這還不是因為雙方都想從對方身上獲取更多的能量和關懷，卻吝於付出自己。

戀愛中的男女把彼此的能量糅合在一塊，你泥中有我，我泥中有你，親密得不得了。在伴侶身上，我們看到母親或父親慈愛的影子；在兩性交往中，我們重溫小時候的親子關係，透過幻想，把小時候在父母親那兒體驗到的神奇幻覺，投射到我們那位平凡的、充滿人性弱點的伴侶身上。因此，我們永遠看不到伴侶的真面目——我們看到的只是自己的幻覺。

相處一陣子後，那種「墜入愛河」的感覺就會漸漸消散，因為雙方都發現，這個伴侶跟他們投射出去的神奇幻覺相比，實在差得太遠。男的可能財務出了問題，或丟了工作，或跑去看球賽以致約會遲到。女的則是沒能在男友有難時及時陪伴他、安慰他。完美的形象開始破滅，就像吹泡泡一般。

失望之餘，有時候我們會採取斷然措施，結束這段情緣，另外找一個不會讓我們失望的夢中情人，如此周而復始，循環不息。愛情的鬧劇就這樣一齣一齣演下去，沒完沒了。有些夫妻或情侶不願分手，依舊廝守在一塊，但卻從此陷入「控制戲」的窠臼中，不克自拔。雙方都試圖控制和操縱對方，攫取對方的能量。

今天，愈來愈多人覺醒了。在日益擴展的覺知指引下，我們有了其他選擇。只要弄清楚男女之間能場活動的情況，我們就能採取妥善的措施，處理兩性關係。

整合人格中的男性面和女性面

迄今為止，我們在討論超絕、玄祕的人生經驗時，總是把它看成開發內在神聖能源的一種途徑；我們曾提到，每當這種經驗發生，我們就會感覺到一股能量突然湧出來，使我們整個人充滿愛、輕盈感和安全感。現在我們必須指出：我們體驗到的這股能量，同時具有男性和女性的特質。在有關心靈原型本質的研究中，榮格和其他知名心理學家證實，我們若想擴展意識、充分發揮超個人知覺的潛能，就必須察覺、整合人格中的男性面和女性面。[67]

身為男人，要打通跟內在神聖能源連接的管道，我們必須尋找、追求、擁抱隱藏在我們生命中的那位慈愛女性，吸取她的能源。如果身為女人，我們就必須找到內心深處那個男子漢大丈夫。

了解這一點，我們就可以釐清男女權力鬥爭的本質和真相。它其實是一種徵候，顯露出我們社會面臨的一個嚴重問題，而這個問題，一般學者籠統地稱為「相互依賴」（codependence）。[68]兩個男女相遇，墜入愛河，這時，他們會把兩個人的能場融合在一起，如此一來，他們就能夠找回自己遺失的另一半——男性或女性。他們開始仰賴這種能源過日子，相處久了，這對男女卻開始懷疑對方，於是，兩人之間的能場出現裂痕，終至分崩離析。然後，這對男女就會退縮到各自的「控制戲」中，重施故技，試圖控制和操縱對方，奪回能源。

我們若想建立持久的男女關係，而非僅僅簽訂一份休戰協定，就得在跟異性交往之前先弄清楚，男女情愛所牽涉的，究竟是怎樣的一種能場活動。我們必須先找到內心中的「異性能」（opposite sexual energy），然後才可以跟異性交往，建立持久、健全的男女關係。我甚至主張，年輕人進入社會之前，必須先學會如何平衡、整合人格中的男性面和女性面；我們不妨把它當作一門功課，甚至將它視為成年儀式的一部分，就像高中畢業或考取駕照。除非內心獲得充分的安全感和完整感，否則，我們永遠無法建立高品質的關係，真正享受男女間的情愛。

---

[67] 桑福德，《隱形夥伴》（美國新澤西州瑪瓦市，一九八〇年）J. Sanford, *Invisible Partner*（Mahwah, N. J.: Paulist Press,1980）。

[68] 比提，《超然獨立的愛》（紐約，一九八七年）M. Beattie, *Codependent No More*（New York: Harper-Hazelden, 1987）。

自得其樂

我們要如何判斷內心的「男／女能量」是否已經達成平衡、內在安全感是否已經建立呢？方法很多，其中之一是：檢視自己在獨處的時候是不是感到安全、快樂，日子過得很充實。所謂獨居，我指的是獨自居住在一間房子裡，沒有室友，也沒有任何夥伴。必須要能自己煮飯燒菜，獨個兒坐在布置整齊的餐桌旁，在燭光下優雅地進食——可不是捧著飯碗蹲在爐灶前狼吞虎嚥哦！每隔一段日子，就跟自己訂個約會，出去看場電影什麼的，興致來時，不妨邀請自己到餐館吃一頓大餐，就像宴請心愛的人一樣。

生活中的一切事務都得靠自己打理：處理財務、生涯規劃、安排休閒活動等等。我們只有一樣東西可以依賴，那就是自己的內在神聖能源。獨居過日子，並不表示我們自私，也不意味著我們決定離群索居，把自己封閉起來。事實上，我認為，我們必須先學會整合和運用內在能量，然後才能以一種健康、積極的方式，跟社會其他人展開互動和交往。

做好這樣的準備，我們才可以開始追求真正的、浪漫的愛情。在兩本前瞻性著作《贏取你想要的愛》（*Getting the Love You Want*）和《保有你找到的愛》（*Keeping the Love You Find*）[69]中，備受敬重的婚姻問題專家和治療師哈維爾・韓德瑞克斯（Harville Hendrix）指出：如果你一心只想在伴侶身上攫取能量，你們之間的關係就會淪落為權力鬥爭的戰場，而你們兩個人肯定會深陷其中，不克自拔。

我相信，男女之間的夥伴關係——透過它，我們進行權力鬥爭，最後了解到問題的本質——是上天賜予我們的一種神聖關係，一如《奇蹟課程》（*A Course in Miracles*）這本書所論證的。[70]我們經歷過一場又一場邂逅，換過好幾個伴侶，最後才了解到我們是陷在「癮頭」中。這些情緣之所以發生，目的是讓我們超越我們對它的需要——這聽起來好像有點不夠浪漫，但唯有如此，我們才能重拾內在的神聖能源，從它那兒汲取我們所需要的愛和安全感。如果我們是單身，會碰到許多人想跟我們建立相互依賴的關係，但如果我們不斷更換伴侶，到頭來準會落得一場空。我們必須抗拒這種結合，才會有充分的時間和工夫去加強內在能源，蓄積足夠的能量，尋找真正適合的心靈伴侶。

如何處理目前的關係

在這種前提下，我們應該如何看待、處理目前跟異性保持的關係？

我認為，維持目前的關係，與融合內在的兩性能量，是可以並行不悖的，但條件

[69] 韓德瑞克斯，《贏取你想要的愛》（紐約，一九九〇年）H. Hendrix, *Getting the Love You Want*（New York: HarperCollins, 1990）；《保有你找到的愛》（紐約，一九九三年）*Keeping the Love You Find*（New York: Pocket, 1993）。

[70] 舒克曼與奚福德，《奇蹟課程》（加州艾倫谷，一九七六年）H. Schucman and W. Thetford, *A Course in Miracles*(Glen Ellen, Calif.: Foundation for Inner Peace,1976）。

是，男女雙方都必須了解這個過程所牽涉到的能場運作和互動，雙方都願意攜手合作，共同努力。這種事情，單打獨鬥往往會徒勞無功。

夫妻間一旦爆發權力鬥爭，應該找誰來調解呢？我的答案是「愛」。每次吵架，夫妻倆都必須提高警覺，設法找出發生衝突的真正原因。你們之所以會不滿意對方的行為，是因為這些行為不符合你們投射到伴侶身上的父母親形象（你記憶中充滿神奇色彩的、理想化的母親或父親），同時也是因為你們自己的內在能量來源過於虛弱。你要求伴侶滿足你的冀望，扮演這個理想化的角色，因為如此一來，你就能放鬆身心，無牽無掛，讓伴侶提供你所需要的能量和安全感。但是這種投射、這種仰賴別人供應內在能量的作風，根本不可能產生正面效果，而只會製造更多權力鬥爭，沒完沒了。

這個問題只有一個解決方法，那就是回歸到「愛」和內在的安全感——即使這會兒夫妻之間的戰爭正如火如荼進行中。你必須盡最大的努力，向對方發出愛的訊息，傳送出愛的能量。要做到這一點，你必須經歷過某種神祕、超越的過程，並在此刻將它們重新回憶起來，讓自己回歸到當時的狀態中。「回歸於愛」可不是一個抽象的意念；它是一個真實的、能夠轉化和提升我們心靈的經驗——在這一瞬間，我們回到了內在神聖能源提供的境界，心中充滿愛和安全感。

同樣的，能不能做到這一點，得由你自己來判斷。《奇蹟課程》的作者聲稱，即使在吵架的當兒，只要夫妻倆都能夠充分發揮愛心，這種境界是可以達成的。然而，要求兩個正在從事激烈權力鬥爭的男女做到這一點，簡直就是強人所難。對一般夫妻或情侶來說，關係出現裂痕時，不妨考慮分居──至少分開一陣子，讓雙方都有機會冷靜下來。這個方法能否奏效，端視雙方能否利用這段時間探索自己的心靈，尋找內在的能源。

如果在內心深處，我們真的覺得這樁婚姻或情侶關係根本就是錯誤的，那我們應該怎麼辦呢？分手？很多人做出這樣的選擇。但除非你學會整合內在的兩性能源，讓自己變成一個真正完整的人，否則，你將來所能做的，也只不過是一再重演愛情鬧劇而已。

那麼，我們如何確定自己已經成功地整合人格中的男性面和女性面，成為一個完整的人了呢？有些治療師指出，不管我們自認心靈有多清明，無論我們自以為開發了多少內在能源，我們的愛和內在安全感仍然會在男女關係中受到嚴酷的考驗。這或許是事實，但我也相信，我們學會汲取的內在能源和安全感，在我們追求浪漫愛情的過程中，肯定會發揮正面且重大的作用。

為人父母

受新心靈覺知影響最深的人類活動，同時也是最能夠發揮新人際倫理的人生層面，要算是家庭中的親子關係了。隨著心靈覺知的擴展，我們對兒女的責任不但增加了，也變得比以往更加明確。當初，我們投生為我們父母親的兒女，因為我們想透過他們認識這個世界；如今，輪到我們的兒女選擇我們擔任他們的雙親。他們想學習我們的生存方式──如何因應人生的各種情境、如何展望未來、如何規劃生涯。在接下來的幾章中，我們會發現，這種親子關係是推動人類進化及社會發展的長期機制和動力。人類社會究竟能演進到什麼境界，在很大的程度上，端視我們每個人能否積極、有意識地參與這個過程。

隨著個人意識和覺知的擴展，我們必須記住我們此刻在人類歷史中的位置，同時，我們也必須把這份覺知完整、翔實地傳達給我們的子女。只要稍不留心，我們就會倒退回舊有的、從父母那兒繼承到的物質主義世界觀；我們會告訴自己說，我們經歷的內在心靈成長實在太複雜、太微妙，小孩子不可能理解，因此就把焦點集中在人生的物質和社會層面，就像當初父母教養我們那樣。

為人父母，要懂得使用簡單的、兒童聽得懂的語彙，把我們的夢想和心靈經驗傳達給子女，這是父母親的一項重大職責。只要有勇氣嘗試，我們總會找到方法，讓孩子們認識和了解我們體驗過的內在神聖能源，我們經歷過的種種「控制戲」，以及我們遭逢過的人生機緣。

教養子女的要訣

新人際倫理所強調的親子關係還有另一個重要層面，那就是教養的方式。今天，透過科學調查和研究，我們對許多家庭發生的問題已經有了充分的了解，對以往一再發生、肆無忌憚的虐待兒童事件，一般民眾都感到非常憤慨。以前，我們總是睜一隻眼閉一隻眼，對家庭中存在的亂倫和暴力行為視若無睹，現在我們可不會那樣了。如今，每個人都睜大眼睛，像老鷹般地監視家庭中的動靜，隨時揪出不配為人父母的男女。

但是，若從能場活動的角度觀察親子關係，我們會發現另一種更細膩、更微妙的虐待：透過親子之間的互動，攫取兒女身上的能源。今天，身為父母，我們必須小心翼翼，如履薄冰。在過去的兩個世代中，我們學到了一件事：對孩子的管教採取袖手旁觀的放任態度，同樣會傷害到他們。孩子欺侮別人或故意不守規矩，我們應該立刻出面加以糾正。管教子女必須雙管齊下——軟硬兼施，恩威並濟。子女投生到我們家中，目的就是要向我們學習怎樣跟別人相處，長大後進入社會，成為一個好公民；我們如果不能在這方面教導他們，滿足他們的需求，就不配擔任他們的父母。我們必須尋找一個平衡點，在教養子女的同時，避免壓迫他們。

我認為，要達成這樣的平衡，首先，我們必須隨時檢視自身的能量。每回跟孩子展開互動，我們都必須評估，自己的內在能源是否暢通、是否跟心靈保持密切的聯繫；答案如果是肯定的，那麼，無論面對何種情況，我們都能夠保持愛心。最糟糕的是，有些父母會在不知不覺間陷入「控制戲」的窠臼；譬如說，他們會無意識地扮演起「審問者」的角色，成天嘮叨個不停，把兒女內在的能量全都吸乾。於是，為了自保和奪回能量，孩子們學會運用手段操控別人，也就是自己搬演起「控制戲」，以其人之道還治其人之身。

因此，和兒童打交道時，我們必須保持高度警覺，隨時留意大人和小孩之間能場互動和運作的狀況。孩子不守規矩，到處惹事生非，我們應該立刻出面制止他們，糾正他們的行為，但同時也應該專注、和藹地瞅著那張純真的臉龐，把能量傳送給他們。我們所要做的，是向犯錯的孩子發出一項心理訊息：你剛才的行為不大恰當，但你是個好孩子。

教養兒女，最要緊的是隨時準備充足的能量，陪伴在孩子身邊，告訴他們，我們對這個世界有什麼看法，對人生有過怎樣的憧憬；為了讓他們日後享有一個完整、充實的人生，我們也必須告訴孩子，我們期望有一天他們能找到自己的神聖內在能源。不過，究竟能否找到，得看他們自己的機緣和修為，我們絕不能妄加干涉。

孩子為何選擇我們當父母？

我們的兒女當初投生人間時，為什麼會選擇我們擔任他們的父母親呢？在某種玄祕的、屬於更高自我的意義上，當年我們投生時，也是自行選擇我們的父母，而我們跟雙親共同生活的經驗，為我們的一生奠定基石，幫助我們找到我們準備傳達給世人的人生訊息和真理。如果人生真是這樣，那麼，我們可以肯定地說，如今相同的程序又出現在我們跟兒女的關係中。身為兒女的榜樣，我們幫助他們為往後的一生做好準備，而他們投生我們這個家庭的目的，就是接受我們的幫助。

但是，我們必須格外小心，千萬不可越俎代庖，替兒女決定他們這一生的目標，以及他們所要傳達的人生訊息，因為這得等到兒女長大後，由他們自己來決定。有些父母一口咬定他們知道孩子將來應該做什麼，甚至應該成為怎樣的一種人，在我看來，這簡直是天大的謬誤。這種專橫作風，只會給兒女的前程帶來重重限制；莫忘了，兒女是上天託我們照顧的生靈。這樣的錯誤，往往會造成親子關係的疏離，有時甚至長達數十年之久。

然而，這並不意味著，我們對自己子女這一生的命運，不會有直覺式的預感。事實正好相反。身為父母的人，誰不曾夢想過兒女的前程呢？誰不曾把自己的夢想看成極可能實現的願望呢？做父母的人會對子女的教育、生涯規劃，以及將來追求人生目標時所可能遭逢的各種心理挑戰，具有一種獨特、敏銳的洞察力，這是毋庸置疑的。

因此，也許我們應該這麼說：身為父母，我們對子女未來的人生方向，固然會有一種直覺式的臆想和冀望，但我們絕不能因此遽下結論，斷言子女應該進入哪一行，過怎樣的日子。這樣做，無異剝奪子女對自身前程的選擇權，而他們的選擇，卻往往比父母的直覺要寬廣得多，充滿各種奇妙的機緣。我們所能做的，是以慈藹的態度，和子女分享我們的感覺，而不是一天到晚跟在他們屁股後面，告訴他們應該怎樣走路。縱使他們一個不小心，摔了一跤，你也不必心疼，因為這是他們在人生中必須汲取的教訓，肯定會對他們的一生帶來莫大的幫助。

展望親子關係

我認為，要充分理解、掌握親子關係的精神內涵，我們必須從最寬廣、最深邃的角度審視人生的這個層面。兒女投生我們家庭，跟我們生活在一起，是因為想學習我們的人生觀，包括我們的精神信仰。容我再重複一次：和孩子相處，我們必須以一種公開、坦誠的態度跟他們分享我們的生活。當然，討論某些問題時，我們應該考慮到子女的年齡，但同時我們也必須誠實。身為父母，我們可以配合兒童的理解能力，使用他們聽得懂的語言，把我們這一生的經歷，包括我們在精神上的修持和收穫，一五一十地告訴子女。

家庭生活中可能出現的另一個問題是，有些父母把教養子女當成一種事業。這兒，我指的並不是全職家庭主婦或主夫——這類父母通常都有自己的生活，他們仍然會繼續成長。我指的是那些犧牲自己生活、將全副心思擺在兒女身上的人；這種父母往往透過兒女的經驗——不論是成功的還是失敗的——過生活，從而獲得一種替代的滿足。

更糟的是，有些父母把孩子當成替自己建立自尊心、幫助自己提高社會地位的工具，因此不惜威逼利誘，慫恿孩子參加少棒比賽或兒童選美，把輸贏看得很重。身為父母的人，都應該擁有自己的生活，都應該繼續發揮創造力，在精神和心靈上繼續成長。我們的兒女出生在我們這個家庭，是想看看我們的生活——積極的、有作為的生活，從我們的成長中，學到做人的道理。

當然，到頭來，這是一條雙向交流管道。孩子幫助我們釐清生命的意義、掌握人生的機緣繼續成長。最初，我們是能量供應者，但很快地，我們的兒女就會開始回饋，向我們提供重大的機緣訊息。仿效我們行為的當兒，兒女彷彿變成了一面鏡子，讓我們更清楚地看到自己的真面目。這不僅僅包括我們使用的語言、詞彙和表情達意的方式；不久之後，它也包括我們的世界觀、生活態度和創造能力。

如果我們拒絕採取果斷的措施，處理某些「控制戲」和負面的行為，它肯定會顯現在兒女的言行舉止中，回過頭來騷擾我們，讓全家都不得安寧。在下文中我們會發現，如此一來，上一代的罪惡就會留傳給下一代——真正是禍延子孫。這個事實至少能夠促使我們提高警覺，加倍用功，讓我們的心靈長保清明，讓我們的生活永遠跟內在神聖能源連結在一起，讓我們的身心持續地、有意識地進化。

落實新倫理

從上面的探討中，我們發現，新人際倫理所涵蓋的人生層面十分遼闊。當內心修持到達某一個程度，我們就會了解，人生的機緣大都是透過別人顯現在我們的生命中；有了這份體認，我們就會開始運用自己學會的能場運作和互動，提攜周遭所有的人。我們發現，不論在個人生活或群體交往中，這一套修持程序都能發揮重大效能；在浪漫的男女關係中，它所產生的作用尤其不容忽視。愛情考驗我們保持身心平衡、處變不驚的能力；熱戀中的男女，更應該仰賴神聖的內在能源，提供自己所需要的安全感。切記：新人際倫理強調的是「施」——把自身的能量源源不絕地傳送給伴侶——而不是「受」。若能做到這一點，你就能夠享有一樁美好、持久的情緣。

跟子女相處，訣竅也在於「施」：供應他們所需要的能量，以慈藹、坦誠的態度指引他們，讓他們認識、了解我們的真正自我。如果你在和每一個人交往時，都能夠實踐、發揚新人際倫理，你的生命中肯定會出現更豐美、更奇妙的際遇。你付出的愛和能量愈多，機緣訊息就會愈快出現在你眼前，而你的個人生活也會因此變得更加多姿多采、更富創造力、更讓你感到滿足。

然而，我相信，人們採取這一套新人際倫理，背後還有一個更深切的動機。內心深處我們知道，一等到世界上有足夠的人把自身的能量提升到某一個水平，開始在日常生活中實踐新人際倫理，人類的進化就會向前邁出一大步，把我們帶到更高的人生境界。

10
邁向新心靈文化

在日常生活中落實新心靈覺知的下一步，是探討很多人心中都有的一個直覺和疑問：人類意識不斷演進，到頭來，究竟會把我們帶到怎樣的一種人生境界呢？譬如說，如果有那麼一天，地球上每一個人都身體力行、實踐本書所描述的新心靈覺知，我們的世界到底會發生什麼事呢？人類的文化又會怎樣改變呢？

追尋這些問題的答案，會把我們帶到心靈深處，一窺人類的命運和前途。根據我的觀察，人類文化的某些層面確實已經在蛻變中。

「什一制」的建立

古典神祕文學一再指出，宇宙間存在著一條放諸四海皆準的法則——「施」（giving）

與「受」（receiving）。不論是基督教《聖經》所說的「種瓜得瓜」（reaping what we sow），抑或是東方世界的因果報應法則（karma），人類的宗教都在提醒我們，我們的意圖和行動早晚會回報到自己身上，不論是福是禍。目前美國社會流行的一句口頭禪「What comes around goes around.」所表達的，正是這樣一種觀點。

許多宗教家和神祕學家把這個原則應用到經濟上；他們認為，在人類社會中，理想的金錢流通應該建立在「施」與「受」的相互關係上。他們把玄祕的因果觀念跟《聖經》中提到的「什一稅」（tithing）連結在一起（譯註：根據《舊約．創世記》第二十八章第二十二節，雅各曾向上帝許願：「凡你所賜給我的，我必將十分之一獻給你。」後來基督徒繼承此一傳統，將收入的十分之一奉獻出來，作為維持教會的費用）。納波連．希爾（Napoleon Hill）、諾曼．文森．皮爾（Norman Vicent Peale）和美國團結教會（Unity Church）創始人查爾斯．費摩爾（Charles Fillmore）都曾在著作中指出：付出愛和能量，包括施捨金錢，往往會引起世界的回應，報以更多的金錢和其他酬勞。[71] 據我所知，迄今還沒有人下工夫探討、研究這個奇妙的現象，但愈來愈多人以親身經驗為例，證明這個原則確實存在。

中古世紀以後的物質主義世界觀，把神蹟和玄祕現象排除在宇宙之外。影響所及，教會只敢在一年一度的募捐活動中提到「什一稅」這種制度，以至於一般民眾都誤以為，所謂什一稅，只不過是教徒供養教會的一種方式。然而，根據我的觀察，過去幾十年間，由於愈來愈多人公開分享、交流心靈經驗，我們愈來愈了解什一稅的本質和運作過程。我們日漸體察到，「施」的行為所牽涉到的那種神祕、形而上的過程，和我們對宇宙的認知——它會回應人類的意念——完全脗合。

另一個問題是，以往我們常會感到猶豫：「什一稅」究竟應該繳交給誰呢？直到今天，還是有人相信，只有正式的、有組織的教會才有資格接受這種捐獻，因為它是信仰的守護者、心靈訊息的來源。其他人則認為，任何形式的捐獻，不管賙濟的對象是誰，本質上都是什一稅，都會引起宇宙的回應。如今我們終於體認到，我們必須將「什一」的精神落實在日常生活中，跟人生的機緣結合在一起。換言之，在機緣的指引下，我們隨時隨地都可以拿出錢來，奉獻給任何團體或個人。

基於這種觀點，我認為，什一稅本質上可以區分成兩類。其中一類是直覺的，例如我們覺得內心有一股願望，想把錢捐給某個團體或某個人。我的一位朋友說，每次遇到捐錢的場合，他總會問問自己：這一刻上帝如果在這兒，祂老人家到底會怎麼做？祂會掏出錢來嗎？在最高的精神層次上，我們施捨，是因為在機緣指引下碰巧遇到那樣的場

---

71 費摩爾，《繁榮》（美國密蘇里州李峰市，一九九五年）C. Fillmore, *Prosperity*（Lee's Summit, Mo.: Unity, 1995）；《原子粉碎心靈力量》（美國密蘇里州李峰市，一九九五年）*Atom Smashing Power of the Mind*（Lee's Summit, Mo.: Unity, 1995）；希爾，《致富訣竅》（紐約，一九八六年）N. Hill, *Master Key to Riches*（New York: Fawcett, 1986）；《你可以製造自己的奇蹟》（紐約，一九九六年）*You Can Work Your Own Miracles*（New York: Fawcett, 1996）；皮爾，《吾人信賴上帝》（美國田納西州納許維爾市，一九九五年）N. V. Peale, *In God We Trust*（Nashville, Tenn.: Thomas Nelson, 1995）；《上帝之路通往美好人生》（美國康乃狄克州新迦南市，一九七四年）*God's Way to the Good Life*（New Canaan, Conn.: Keats, 1974）。

合，這時如果我們不回應，還能指望誰呢？

另一種什一稅在人類社會轉變的過程中特別重要，它是一種贈禮或報酬，對象是提供我們心靈訊息的人；也就是說，我們必須酬謝在日常生活中給我們帶來機緣、幫助我們提升心靈的團體或個人。教會和各種靈修團體能夠在我們迫切需要人生答案時，提供我們訊息，替我們指點迷津，因此，它們應該繼續獲得我們的捐獻，享有什一稅。但是，在人類的新心靈文化中，我們應該擴大什一稅的基礎，把捐獻的對象從團體擴展到個人。上文中，我們已經探討過，在人生的旅途上，引領我們繼續前進的，往往是經由別人傳達到我們心靈中的機緣訊息。「什一稅」是我們對這些人的回報（譯註：關於「什一稅」的本質和運作方式，《聖境預言書》第九章〈興起中的文化〉有頗為詳盡具體的論述，讀者不妨參閱）。

讓我們想像每一個珍惜人生機緣、不斷追求心靈成長的人，都開始以什一稅的方式回報和酬謝別人，在這種情況下，我們的世界會變成什麼樣子？我敢說，一種嶄新的金錢流通方式將會開始出現。凡是給我們捎來心靈訊息的人，我們都會自發地報以金錢酬勞；同樣地，當我們把自身的修持心得傳達給別人時，他們也會致贈我們一筆束脩作為回報（順便一提，我個人經常收到讀者致贈的「束脩」，而我總會加上自己的一筆錢，將它轉送給慈善機構。在此，容我建議讀者諸君，以後請將這筆「什一稅」直接寄到貴地的慈善團體，謝謝）。

我認為，自動自發的捐獻和施捨，能夠彌補我們現行經濟體制的缺失，從而產生相輔相成的效果。這種行為證實了我們一貫的觀點和信念：人生的機緣和其他神祕經驗，能夠彌補並擴展舊有的、過度強調理性邏輯的物質主義世界觀。這樣做，並不意味著拋棄那一大群以傳統、尋常方式從事經濟活動的人。我們所做的只是一種自動自發、相輔相成的工作，希望能夠將全球經濟體制從傳統的桎梏中解放出來，讓它發揮更大的效率，邁向更高的產能。

新經濟

實行以機緣為導向的「什一稅」，也能夠幫助我們因應其他一些令人憂心的經濟發展趨勢：工廠裁員、企業縮小規模，以及已開發國家為了因應全球競爭所採取的工資凍結。

企業小規模化不可能辦到，除非留下來的員工提高他們的生產力，而這正是電腦和日新月異不斷改進的通訊系統所能提供助力的地方。如果世界其他地區也將提升經濟生產力，達到已開發國家的水平，則日益激烈的工資競爭很難避免，我們就得接受這個趨勢，設法調適和因應。

當然，這並不意味著我們應該鼓勵發展中國家重蹈覆轍，犯下我們西方人曾經犯過的錯誤，諸如剝削勞工和浪費資源，但我想大多數人會同意，第三世界國家有權參與世界經濟活動。

在這種情況下，我們該怎麼解決這些問題呢？首先，我們必須從一個更開闊、更宏觀的角度觀察世界經濟的演進。[72]在美國，最受重視的經濟指標往往與生產力有關——每單位勞力所生產的商品和服務。產能持續上升，我們就會覺得國家的經濟十分健旺，前景大好。然而，有個問題我們終將面對：這樣的經濟發展，到頭來會把人類帶到哪裡？我們需要的勞工愈來愈少，但他們卻能夠生產愈來愈多東西，滿足民眾的基本生活需求。

我認為，我們不但不應該把這種演進看成一種負面、消極的現象，相反地，我們應該以正面的眼光看待它，因為這樣的經濟趨勢如果持續下去，總有一天，我們人類一定能夠擺脫勞力工作，全心全意投入創造性的活動，徹底發揮潛能。我覺得，目前我們經歷的是一場全球性的、無法扭轉的經濟大演進；在這股歷史洪流中，我們若想站穩腳跟，與潮流並進，就必須時時刻刻保持警覺，體察這個大趨勢的本質和發展方向。

當務之急，我們必須設法適應這場大轉變——脫離日益自動化的工業生產，改行從事專門提供資訊的行業。數據顯示，美國人已經開始調適；在美國，愈來愈多人自行創業，但他們經營的可不是需要大量資金的零售或店頭生意，而是在家中成立工作室，經營各種事業。根據最近的一項統計，目前在美國，有將近三千五百萬個家庭經營副業，而這些副業大都與資訊有關。[73]

以長遠的眼光來看，我相信，基本生活必需品的產銷終將全面自動化；屆時，人類的經濟活動會徹底脫離生產勞務，轉而朝向資訊的流通發展。最初，這些資訊都與生產自動化有關，但漸漸地，它會開始反映人類對靈性文化的追求；到那個時候，它提供我們的可就是一種純粹屬於心靈層次的資訊了。

把「什一稅」引進我們的經濟體制，顯然會加速這個進程。最初，隨著經濟轉變，生產自動化的程度日益提高，什一稅的繳收，能夠幫助我們因應失業和改行的問題，補貼我們的收入。然後漸漸地，什一稅會取代舊有的、以勞務換取報酬的制度，成為一種嶄新的經濟體制。在這個新制度中，人們隨著各自的機緣向世人傳達心靈訊息，從而收取「什一稅」作為報酬。從舊有的、以競爭為目標的世界觀角度來看，這種說法也許荒誕不經，但我相信，什一稅的本質絕對符合資本主義的精神。事實上，它早已存在於我們目前實行的、正在運作的資本主義制度中。

一如稍後我們將探討的，如果真的想落實資本主義的根本原則——尋找需求、滿足需求，我們就應該體認，什一稅是人類濟發展的唯一可能方向。建構這樣的一種經濟體制，首先必須設法讓每個公民對自動化的企業都擁有某種所有權（也許是股份）。這樣做，可以確保每個公民都能滿足他們的基本生活需求，然後，我們就能夠利用自己的知識和修持心得，隨緣為別人提供諮詢服務、收取酬勞。在這種經濟體制下，總有一天，我們會完全停止使用貨幣，一如某些科幻小說家所預言的——當然，前提是：本書所描述的新心靈覺知，已經落實在人類的日常生活中，成為現實的一部分。

此外，我們也必須加速科技發展，開拓價格更低廉的新能源；這點我倒是滿懷信

---

❼❷ 黎甫金，《工作的終結》（紐約，一九九五年）J. Rifkin, *The End of Work*（New York: J. P. Tarcher/Putnam, 1995）。

❼❸《華爾街日報》專刊〈工作與家庭〉，一九九七年三月三十一日。*Wall Street Journal*, “Work & Family”, special supplement, March 31, 1997。

心。根據尤金．馬洛夫（Eugene F. Mallove）博士的說法，科學家們即將發展出好幾種新能源，包括備受爭論的「低溫核融合」（cold fusion）技術。[74]一旦我們將廉價能源引進世界經濟體系中，產業的自動化肯定會飛快進行。

也許，現在最重要的是，開始在日常生活中落實這種新的經濟觀。在可預見的未來，人類的經濟會出現問題嗎？如果葛萊德（William Greider）在著作《世界只有一個，不管我們願不願意》（*One World, Ready or Not*）[75]中所做的預測正確，我們就應該未雨綢繆，為目前猖獗一時的金融投機所造成的經濟動盪預作準備。根據葛萊德的觀察，今天，整個世界面臨的困境，和一九二九年美國遭逢的經濟危機簡直如出一轍：投機的投資人大肆借貸。一九二九年，美國的泡沫經濟破滅，驟然間銀根緊縮，把存戶的錢借給投機客的銀行紛紛宣告倒閉，許多美國老百姓一生的積蓄在一夕之間化為烏有。

為了紓解這場危機，美國政府採取緊急措施，限制國內借貸，實行存款保險，其他各國政府紛紛跟進。但最近幾年，為了因應日益成長的世界市場，各國政府爭相採取放任政策，任由資金穿越國界，自由流通，以致愈來愈多的金錢被用來從事國際投機買賣，情況跟引發一九二九年經濟大蕭條的金融亂象並沒什麼不同。今天，這場全球大投機牽連到世界各主要貨幣；各國政府束手無策，只能袖手旁觀。大筆大筆金錢從一個國家借出，移轉到另一個國家，投機買賣幾乎毫無限制。在這種情況下，可不可能出現什麼閃失，危害到一個或更多國家的銀行體系和貨幣呢？當然可能。

面對這類全球性問題，各國必須奮發圖強、自力更生，準備面對即將來臨的大風暴。建立在人生機緣上的「什一稅」，能幫助我們迴避金融亂象所引發的問題和危機。

緣與能

新心靈覺知所造成的人類文化轉變還有哪些呢？在我看來，其中最重大的一個轉變，也許是我們個人能量的持續擴充、提升。一旦我們在神祕、超絕的經驗中體驗到能量源源不絕地流注入我們心靈，一旦我們覺察到機緣所帶來的訊息，領悟到自己的人生真理和使命，我們就能夠在向世人傳達人生訊息的同時，有系統地一步步在生活中提升心中這股原始、神祕的能量。換言之，只要我們遵循機緣的指引，就能夠生存在愈來愈高的能量境界中。

而這不就是人類自太初以來所一直努力追求的境界嗎？歷史顯示，人類身心不斷地在進化，一代比一代健康、長壽，人類文明創造出來的所謂天才也愈來愈多、愈來愈聰明。在人口比例上，今天的世界比歷史上的任何時期，有更多的人過著活力充沛、能量豐足的生活。以往，我們把這種進步看成是世俗物質主義的成就，因為它給人類帶來更

---

74 馬洛夫，〈我們需要新物理學嗎〉，《無限能源雜誌》，一九九六年十一月／十二月號。E. F. Mallove, "Is New Physics Needed", *Infinite Energy Magazine*, November/December 1996。

75 葛萊德，《世界只有一個，不管我們願不願意》（紐約，一九九七年）W. Greider, *One World, Ready or Not*（New York: Simon& Schuster, 1997）。

好的食物、更好的公共衛生、更好的醫療保健。

然而，一如前文所探討的，這個老舊的物質主義世界觀目前正在蛻變為一個新的覺知：宇宙間根本就沒有物質。在最微小的層次上，構成我們身體的原子會漸漸消退、隱沒，變成能量的一種形態和模式——一波波振動不停、變化莫測的波浪。若非如此，我們如何解釋人生中一些奇妙、神祕的現象，譬如自發性治癒（spontaneous healing）——一夕之間，腫瘤突然消失無蹤，壞死的皮膚組織忽然再生？[76]人類的進步是靈感、信念和自信心的不斷擴展，是內在能量的持續提升。

運動員的啟示

跟形形色色的運動迷或熱愛健身的人交談，你會發現，他們從事這種活動，往往並不是為了贏取錦標，也不是為了改善自己的體格和容貌，而是為了他們內心感受到的一種奇妙、豐美的報酬。跑步和其他有氧運動，總會給人們帶來一種「破牆而出」——那種無法再進一步的感覺——的刺激感和滿足感。在一這場艱苦的活動結束後，參與的人會說，他們感覺到身體更輕盈、心情更平靜、肌肉更協調、手腳更靈活。

我們之所以參與各種運動和有氧活動，是因為在運動過程中及結束後，都會感到自己變得更強壯、更有活力，甚至更聰明。持之以恆的結果，我們在運動場上的表現愈來愈好，持久力愈來愈強。健身、跑步、中國武術、網球、溜冰、跳高、跳遠、高爾夫、游泳、體操——這些運動的極限一再被超越，新的巔峰表現不斷取代舊有紀錄。

把人體看成只是一堆肌肉、骨骼和韌帶的老舊世界觀，面對這個現象，一時也提不出合理的解釋。被追問時，信奉物質主義的人會這樣回答你：總有一天，人類的體能會達到極限；屆時，賽跑選手再也無法跑得更快，舉重選手再也不能多舉一磅，網球員再也來不及飛身撲救險球。然而，就像「四分鐘一英里」極限，運動場上的任何障礙到頭來都會被超越。在更完美的肌肉協調、更精準的時間拿捏和更輕盈的身體配合下，人類肯定會繼續跑得更快、跳得更高。

那麼，人類體能的極限到底在哪裡呢？比較符合事實的答案只有一個：人類的體能沒有極限。遲早我們會看見，參加百米賽跑的選手跑得那麼快，以至於連身體都改變了形狀，以回應他們那堅毅無比的意志。當這群運動員沿著跑道飛奔時，你只能看到一道道閃爍飛掠的光芒。

瑜伽信徒的證言

自古至今，東方世界曾有過無數奇人異士，將人類的體能極限一步步往前推展。在

---

76 葛柏，《振動醫學》（美國新墨西哥州聖大非市，一九八八年）R. Gerber, *Vibrational Medicine* (Santa Fe, N. M.: Bear & Co.,1988)。

一部重要的著作《身體的未來》（*The Future of the Body*）中[77]，作家麥可．穆菲舉出了一大堆有明文可考的例證，說明東方異人各種極不尋常的體能展現，諸如：懸浮在半空中、自發性的身體變形、各式各樣令人咋舌的體能表演。許多東方哲人認為，這些能力是修鍊瑜伽術所獲得的最高成果，雖然目前擁有這一身功夫的人並不多，但只要潛心修鍊，每個人都可能達到這種境界。

千百年來，西方人面對這種體能展現，總不免目瞪口呆，覺得不可思議。《聖經》告訴我們，耶穌能夠隨意顯現、消失在眾人面前，又能夠在水面上行走，然而，自從牛頓將宇宙描繪成一個巨大的鐘錶發條裝置後，這種能力就被認為過於神奇，充其量只能當作隱喻或存在於神話中，絕對不能當真。後來，基督教會把這種能力解釋成耶穌神性的展現，凡人絕無法仿效。

然而，一如麥可．穆菲所言，在東西方歷史中，這類超絕的能力和經驗可說層出不窮。今天，我們必須以客觀的眼光，重新審視人類的這項能力；我們應該體認，一般人——包括你和我，只要潛心修鍊，也都能夠達到這個境界，而非僅有行家才能做到。

人類往何處去

當我們思索這些發展時，我們正在擬想人類的文明在未來究竟會發生什麼變化。這份憧憬鼓舞我們，促使我們改變生活方式，全心全意接納我們居住的這個靈性世界。

上文中，我們已經看到，這個新世界具有無窮的創造力，在那兒，每個人都能夠獲得深刻的滿足感。想想看，一旦我們遇到的每個人都了解上文提到的程序，都期盼每一場談話給他們帶來一項訊息，人生會變成什麼樣子？

人際互動的方式和步調將會徹底改變，而這種轉變很快就會對現有的經濟體制產生強勁的衝擊。一旦有足夠的人了解、並以親身經驗證實「什一稅」確實可行，我們就會全心全意接納這個制度，遵循機緣的指引，將收入的一部分拿出來捐獻給我們覺得最需要幫助的團體或個人。而上天也會以同樣的方式回報我們，神奇地滿足我們內心的期望。證據就存在於結果中。

科技的發展終將造成產業的全面自動化，給人類帶來一個嶄新的資訊時代。在最初的階段，建立在「施捨」基礎上的什一稅，能夠幫助我們彌補收入。等到我們的集體意識和生活目標開始從累積物質財富，追求經濟安全，轉為從事精神修持，追求層次更高的、以人生機緣為導向的心靈成長之後，什一稅就會成為資訊時代主流的經濟制度。當人生機緣持續不斷顯現在我們眼前，當我們靈感飛揚，我們的肉身就會達到愈來愈高的能量境界，直到整個人化為蘊含光亮的靈性生命。

---

[77] 穆菲，《身體的未來》（洛杉磯，一九九二年）M. Murphy, *The Future of the Body*（Los Angeles: J. P. Tarcher, 1992）。

11 探索身後世

人生在世，如果我們的命運和任務是推動自身的心靈進化，冀望有一天能夠成為純粹的靈性生命，那麼，「生」和「死」又是怎麼回事呢？我們生前棲息、死後回歸的靈界，究竟是怎樣的一個地方？

根據最近的民意調查，絕大多數美國人相信「身後世」（Afterlife）的存在；在世界其他國家，相信前生來世的人所占的比例更高。然而，種種跡象顯示，今天的美國人對身後世的看法，已和傳統物質主義文化中的「天堂」和「地獄」觀念大相逕庭。[78]

以往，我們總是把「身後世」設想成一個花稍可愛、宛如漫畫一般的世界，裡頭充滿天使、樂器和一毬毬雲朵兒；在傳統世界觀影響下，我們在心理上非常排斥死亡所帶來的種種神祕現象和問題。因為，要探究這些問題，我們就得面對自己的死亡，無從迴避，而生活在西方文化中的美國人，卻沒有興趣也沒有時間這麼做。

不過，一如前文所探討的，在二十世紀中葉盛行的人本主義心理學啟發下，我們已經開始排除心理障礙，不再一味迴避問題。

如今，我們不但能夠正視死亡，把它看成人生的一個自然現象，而且也開始對死亡過程中發生的種種事情感到好奇，想一窺究竟。過去幾十年間，美國社會充斥著這方面的新資訊，描述瀕死經驗的書不斷湧現，風行一時，提供的往往是第一手資料。書中那些已經被醫生判定死亡的人，經過一段時間又返回陽世，向別人講述他們死後的經歷。根據這些人的說法，他們回到人間，是因為他們覺得在人世還有工作要做，必須趕回來完成，了卻一樁心願。

值得一提的是，好幾位備受尊敬的學者專家，如肯尼斯・黎恩（Kenneth Ring）和梅爾文・摩斯（Melvin Morse）曾經使用科學方法，探究形形色色的瀕死經驗。他們把研究成果彙整成書，為民眾提供可靠翔實的資訊。[79]

在這方面，電影發揮了推波助瀾的功能。它把有關身後世的資訊散播到社會各個角落，讓這種經驗看起來更加真實。譬如，看過《直到永遠》（*Always*）這部電影的人，有

---

[78] 蓋洛普民意調查，一九九一年（康乃狄克大學羅柏爾中心）Gallup Poll, 1991（Roper Center, University of Connecticut）。

[79] 黎恩，《走向人生終點》（紐約，一九八四年）K. Ring, *Heading toward Omega*（New York: Quill/William Morrow,1984）；摩斯，《光芒中的蛻變》（紐約，一九九二年）M. Morse, *Transformed by the Light*（New York: Ballantine/Random House, 1992）。

誰不被它那寫實逼真的拍攝手法深深吸引呢？這部以愛心和友情為主題的電影，講述美國政府林務局的一位飛行員，在一次出任務時，為了營救遇難的夥伴而犧牲了自己。後來，他發現自己行走在地面上，心裡想，自己的命可真大啊，竟然逃過這一劫！就在這個時候，一位守護靈出現了，告訴他說，他確實已經死了，現在他必須擔任守護靈，指引那個奉派前來接替他的菜鳥飛行員。一生一死，這兩個飛行員建立起一樁奇妙的情誼，十分寫實感人。

《第六感生死戀》（*Ghost*）這部電影也值得一提。一個男子被強盜殺死，後來卻發現自己依舊逗留在人間，能夠看見周遭發生的每一件事情，卻無法讓別人覺察到他的存在。他決定留下來，保護一位朋友，這個人正被搜尋電腦密碼的歹徒追殺。隨著情節的發展，男主角遇到其他鬼魂，向他們學習如何跟活人打交道，並且遇到一位聽得見他說話的靈媒。

這些電影呈現的主題十分有趣，耐人尋味，但更重要的是，它反映出美國人對身後世的好奇和認識。對美國人來說，身後世依舊是一個神祕現象，充滿謎團，但隨著資訊日益普及，我們對死亡的現象和經驗總算有了一個比較清晰、全面的了解。而我相信，這種知識能夠擴展我們的視界，讓我們以更清明超脫的眼光，看待我們在人世間的生活和修持。

瀕死經驗

瀕死經驗最令人訝異的一個層面是：被醫生判定死亡後又復活的人，他們講述的經驗聽起來都非常相似。譬如，很多人說，他們發現他們離開了自己的身體，好一會兒，只管盤旋在病房或車禍現場上空，不時低下頭來，觀看地面上正在進行的急救，甚至聽到醫護人員的交談——這些談話後來都獲得證實。

有些人會在醫院附近逗留一陣子，然後才問自己：「現在該到哪兒去呢？」這個問題剛在心中浮現，他們就感覺到自己的步伐忽然移動起來，進入一條光亮的隧道。另一些人卻說，死後他們立刻進入這條隧道，頭也不回。

有時，隧道通往一個燦白、光亮、讓人覺得非常溫馨的接待地點或休憩場所；在這兒，死後的人感覺到內心一片祥和、安寧，整個人彷彿浸沐在愛中。已經過世的親友通常會前來迎接他，向他解釋他現在置身何處。通常，他會有回家的感覺，不願意再回到陽間。

經歷瀕死經驗的人，到了某個階段就會開始進行「一生總檢討」（Life Review，譯註：參閱《靈界大覺悟》第二章〈回首來時路〉）。之後，有時他們得面對一個抉擇：留在這兒或返回陽間。有時他們會被遣送回來，而通常對方會把原因告訴他們。經歷瀕死經驗的人，心中往往會靈光一現，領悟到他們在陽間還有未完成的工作和未了結的心願。

瀕死經驗通常會徹底改變一個人的人生觀。回到陽間後，他們往往會開始追求新生活——一種建立在精神情操、施捨和愛心上的生活。[80]

一生總檢討

「一生總檢討」是瀕死經驗中最有趣、最耐人尋味的層面之一。有過這種經驗的人都說，瀕臨死亡時，他們看到自己的一生飛閃過眼前——不太像電影，反而比較像是使用「雷射光立體攝影術」（holography）攝製的一連串畫面。一個又一個的事件展現在他們眼前，歷歷如繪，栩栩如生。感覺上，他們彷彿正在接受一場審判，但審判長並不是別人，而是他們自己。這會兒，他們的意識彷彿擴充、延伸，跟神聖的智慧連結在一起。

有過瀕死經驗的人說，站在這樣一個更高、更遼闊的角度檢討一生，可以體察到自己這輩子曾經錯失多少機緣，做過多少不當的決定。

一場檢討下來，他們時而感到極端痛苦，時而覺得欣喜萬分，心情的起伏端視眼前出現的景象而定。回顧以往發生的一樁事件，想到自己曾經在情感上傷害某一個人，他們就會深切地、實際地感受到對方當年感受過的痛苦；這會兒，他們彷彿進入了對方的身體，接觸到對方的心靈。

反過來說，當他們看到自己當年曾經做過一樁好事、讓別人感到快樂時，他們也會感同身受。由於這種強烈、深刻的同理心（empathy），有過瀕死經驗的人在返回陽間後，往往會痛下決心，這一生絕不再犯同樣的錯誤；往後，他們會設法挪出更多時間幫助別人，讓別人感到快樂。

從此，他們對別人講的每一句話、跟別人進行的每一場互動、向世界發出的每一個意念和訊息，都具有更崇高、更深刻的意義，因為他們曉得，總有一天，這些言語、行動和意念會重新展現在他們眼前，讓他們重溫、回顧和檢討。

在某種層次上，我們每個人似乎都已經認識到「一生總檢討」這回事。譬如，誰沒聽過一位曾經跟死神擦肩而過的人事後說：「那一剎那，我看到我的一生飛閃過眼前。」西方的宗教典籍，凡是專門討論死後審判的，總會提到某種形式的「一生總檢討」。然而，直到今天，我們才開始有意識地具體探索這種經驗的本質和過程。死後，我們肯定會接受審判，但審問我們的似乎並不是一位暴虐的上帝，而是某種神聖的意識，而我們自己就是這個意識的一部分，渾不可分。

這項訊息一旦傳播開來，至少會產生這樣的一種影響：此後，人們會放慢生活步調，以更慎重的方式過日子，時時刻刻留意自己的行動所可能產生的後果。它會讓我們更加了解，為什麼我們應該隨時有意的提攜別人、扶助別人。一如既往，有時我們也許會做出錯誤或不當的判斷，但現在我們會不時停下腳步，檢討我們的所作所為——實際上，就是趁著還活在人間，預先在自己心中進行「一生總檢討」。我相信，大家都會發覺，這才是真心誠意的懺悔。

---

[80] 摩斯，《光芒中的蛻變》。

何謂邪惡

至於許多宗教傳統提到的魔鬼和一群圖謀不軌的墮落天使，又是怎麼回事呢？研究瀕死經驗的學者專家，至今猶未找到任何證據，能夠證明這些荒誕不經的玩意兒確實存在。

瀕死現象證實，宇宙間只有一個神性力量，而這個力量是正面的、積極的。人間的邪惡，全都源自人類的自我意識和恐懼感；在這種意識和情感操控下，我們跟這個創造力量的關係變得疏遠了。我們人類只要跟這股神性力量連接——不管是在「現世」或「身後世」，就能從自己的內心獲得安全感。一旦脫離神聖能源，我們就會向外尋求安全感，耽溺於某種形式的自我滿足，一再搬演以竊取別人能量為目標的「控制戲」。

一如本書第五章所探討的，人類想出各種方法、使出各種伎倆，將人生經驗局限在一個非常狹窄的範疇內，以排除生活所帶來的焦慮感。人世間的一切邪惡，從色情狂的戀物怪癖，到白領階級罪犯的狂嫖濫賭，全都只是壓抑失落感和恐懼感的一種方式，儘管這種行為只能讓他們獲得短暫的解脫。邪惡和地獄，其實是內在的心理狀態。

具有暴力傾向的罪犯大都生長在貧困的環境。他們在成長的過程中飽受冷落、欺凌、虐待，成天生活在莫名的恐懼中。在這樣的環境裡，孩子哭鬧就會挨打，有時還得遭受父兄性侵犯，街坊鄰里的惡少也常常欺侮他們。這些孩子沒人疼愛，孤苦伶仃，心中那股強烈、深沉的恐懼感，絕不是生長在安全家庭環境中的人所能想像的。為了自保，這些孩子必須想辦法應付這個殘酷的世界，將心中那股莫名的恐懼和焦慮感壓抑在內心深處。

這些孩子最常採用的一種應付機制，是某種形式的戀物狂或偏執行為；他們一再重複這些行為，直到心裡產生一種控制感。躲在暗處、伺機搶劫路人的宵小之徒，所展現的就是這種心理和行為；情況嚴重時，它會演變成連續殺人犯的瘋狂行徑，或恐怖分子的盲目殺戮。我們必須體認，這類行為全都是一種防衛機制，被用來紓解、排除心靈疏離所造成的深沉恐懼感。[81]

地獄的本質

利用這種妄想、虛幻不實的機制來排除內心的焦慮感，往往只能發揮短暫的作用。它能夠紓解症狀——焦慮，卻無法消除真正的病根——恐懼和不安全感，因此，到頭來注定會失效。就拿那個攔路打劫的傢伙來說吧！虛張聲勢恐嚇路人，固然能夠讓他獲得片刻的滿足和解脫，但童年的悲慘生活和失落感所引發的恐懼，遲早又會回到他的意識中。吸毒的人，必須持續提高毒品的攝取量，才能取得相同的效果；同樣的，攔路打劫的強盜必須加強他的狠勁，變得愈來愈兇暴、魯莽，才能再一次排除內心的焦慮。然

[81] 貝克，《逃離邪惡》（紐約，一九八五年）E. Becker, *Escape from Evil*（New York: Free Press, 1985）。

而，這樣的行動卻會把他引進更危險的情境中，讓他感到更加恐懼。

這個腳本，適用於被自己的妄想所蠱惑、操控的白領階級罪犯，也適用於每一個沉迷在某種惡習中不可自拔的人，包括癮君子、工作狂、購物狂、暴飲暴食者、觀賞運動迷、花癡。然而，不管哪一種惡習、哪一種偏執行為，都不能消除病根，早晚會失靈；到時候，恐懼和焦慮感又會潛回我們意識中，驅使我們繼續向外追尋，脫離內在神聖能源愈來愈遠。這就是人間地獄的本質；而根據學者專家研究「瀕死經驗」和「靈魂出竅」現象所獲得的成果和資訊，我們可以斷定，這也是「身後世」地獄的本質。

羅伯．門羅（Robert Monroe）聲稱，他在「身後世」漫遊時，常遇到一群靈魂耽溺在性愛遊戲中，試圖以這種妄想的自我防衛機制，消解內心的失落感。[82]露絲．蒙哥馬利（Ruth Montgomery）曾以「自動寫作」（automatic writing）的方式，寫出亞瑟．福特（Arthur Ford）在「身後世」的經歷。根據她的描述，有些人死後，靈魂無法甦醒、飛升上天堂，因為他們被困在自己生前創造的幻覺中，一時擺脫不了。[83]

這些資料顯示，棲息在「身後世」境界的靈魂，有時會伸出援手，採取行動，幫助陷入妄想中的夥伴擺脫困境。而他們使用的，似乎正是我們在前文中探討的那一套傳送能量、提攜別人的方法：全神貫注於對方的高層次自我，開始投射能量，直到對方覺醒，擺脫偏執的活動和行為，敞開心靈接納內在的神聖能源——這才是真正能夠破除妄想的正本清源之道。

然而，在這些報告中，我們卻找不到任何跡象，可以證明西方宗教所說的邪惡力量確實存在。於是，我們不得不做出這樣的結論：《聖經》中的墮落天使，其實只是一個象徵。許多西方思想家，從榮格到約瑟夫．坎伯（Joseph Campbell），早已經指出：《聖經》中提到的「失去天恩」，包括撒旦的墮落和被打入地獄這類故事，只不過是一種隱喻，用來顯示人類在進化過程中必然會遭逢的種種陷阱和誘惑。朝向靈性境界不斷演化、邁進的旅程中，人類必須擺脫無意識狀態，發展自我的力量，加強自覺。然而，若想繼續進化，達到更高的精神境界，我們就必須培養更高的自我，敞開心靈，開始接納神祕、超絕的人生經驗。

我們都看過叛逆的青少年試圖為自己建立一個獨特的、有別於父母親的身分和人格。同樣的，為了發展獨立的自我，我們脫離了直覺的、神聖的能源，開始我行我素，全憑個人意志和好惡過生活。我們甚至可以這麼說：整個西方文化，由於根深柢固的恐懼感，已經棄絕了生命中更高、更大的層面，處在一種叛逆的狀態中達四、五百年。

就某種意義來說，《聖經》中的象徵——如果我們偏離上帝的道路太遠的話，在外出沒逡巡的魔鬼就會伺機誘惑我們、帶壞我們——是正確的，因為我們的自我一旦脫離了內在的神聖能源，也許就會變成一隻迷途羔羊，成為餓狼的獵物。

82 門羅，《靈魂出竅》（紐約，一九七七年）R. A. Monroe, *Journeys out of the Body*（New York: Anchor/Doubleday, 1977）。

83 蒙哥馬利，《陽世之外》（紐約，一九八五年）R. Montgomery, *A World Byond*（New York: Fawcett Crest/Ballantine, 1985）。

出生憧憬

瀕死經驗還有另一個特徵，能夠增進我們對現世生活的認識和了解，那就是我們所說的「出生憧憬」（Birth Vision，譯註：相關觀念可參閱《靈界大覺悟》第四章〈追憶〉；簡言之，它指的是出生之前我們每個人都會有的憧憬，臆想今後一生我們會怎樣度過、能夠完成什麼使命和任務）。這是一個整體的、全景式的意象，呈現出我們每個人一生的理想和生命歷程。有些體會過瀕死經驗的人說，返回陽間之前，他們曾經看到這樣的一個意象。[84]根據這些人的說法，「出生憧憬」能夠讓他們了解自己必須返回陽間的原因：在人世間，他們還有工作尚未完成，還有心願等待他們去了結。

知道有這樣的一個「憧憬」存在，我們就更加有信心，我們每個人都能夠找到自己的真正命運，儘管這一生中，我們還不曾有過瀕死經驗。上文中，我們已經探討過，了解過去的一切經歷，能夠幫助我們發現自己這一生的使命——我們準備傳達給世人的真理和訊息究竟是什麼。「出生憧憬」則能夠幫助我們，從更宏觀、更深遠的角度預見我們這一生的命運：如果我們遵循機緣的指引，把我們的訊息和真理傳達給世人，就能在這個星球上完成何種使命和任務。一旦認知到這點，我們對自己的命運和前途——我們能夠成為怎樣的一種人，就會有一個更加明確的新認識。

「出生憧憬」並不全都出現在瀕死經驗中。透過精神修持，諸如祈禱、打坐或其他能夠幫助我們拓展內在神聖智慧的活動，我們也能夠看到這種心靈意象。舉個例子來說：

你漫步走過一個風景十分清幽的地方，走著走著，你決定坐下來沉思。過了一會，你的自我終於沉靜下來。於是你開始專心致志，探索內心。你詢問自己：「在人生旅途上，接下來我該怎麼走呢？」

在這樣的時刻，你會覺得心中靈光一現，一個意象赫然展現在你眼前；宛如白日夢一般，你看見自己正在從事某一種工作。這樣的一個意象，通常是針對我們當前的人生問題所提出的一種直覺答案。然而，一如本書最後一章所探討的，有些時候，這個意象會擴展、延伸，超越我們目前的處境，進入更長遠的未來；以更詳盡、更具體的細節，展示我們這一生在人世間所可能完成的使命和工作。這個意象，除了印證我們準備傳達給世人的真理和訊息，也會進一步開示我們，如何將這項訊息轉變成真正符合我們出生憧憬的使命。

比方說，有一位年輕婦女渴望改行。她打算辭掉市場行銷工作，到學校教書，因為她覺得，憑她的出身和經驗，她有能力幫助和教導兒童，讓他們更喜歡讀書。就在人生的這個關鍵時刻，她心中也許會靈光一現，看到自己的「出生憧憬」。在這個意象中，她認清了自己的人生使命：創造一套教學方法，運用在全美國的學校。剎那間，她心中豁然開朗：她曉得，只要她保持信心，鍥而不捨，她的理想早晚會實現。

這樣一種對未來的憧憬，往往會使當事人感到無比振奮和驕傲：「啊，如果我能做

---

❽❹ 黎恩，《走向人生終點》。

到這一點，我的生命就會充滿意義，我就會感到心滿意足。」以這種方式體驗的「出生憧憬」，會永遠留存在我們內心深處。這個意象會一再提醒我們，這一生，我們可能完成什麼使命和工作。它會替我們指點迷津，解答我們目前面臨的人生問題，幫助我們了解日常生活中出現的種種機緣際遇。在「出生憧憬」指引下，我們不僅能覺察到這一生所要傳達給世人的真理和訊息，也能預見，如果我們能以最完整、翔實的方式傳達這項訊息，將會有何種際遇。

一九七三年，我在田納西州大煙霧山（Great Smoky Mountains）漫遊時，曾親身體驗這樣的一種憧憬。就在這座大山中，剎那間，我心中靈光一現，瞥見了二十年後的情景：我的工作經驗導引我寫作《聖境預言書》；它探討興起中的新心靈覺知運動，出版後廣受全世界讀者歡迎；後來，我開始投入環保工作，幫助拯救美洲的原野……最初，我只是把它當作一場白日夢，但這個心靈意象一直存留在我心中，揮之不去。直到二十年後這個夢想開始實現，我才驀然領悟，原來這就是我的「出生憧憬」！

受命來到人間

現在，我們終於體認到，「身後世」的訊息，會對我們在人世間的生活產生強勁的衝擊和深遠的影響。展現中的新心靈覺知，是建立在我們對人生機緣的認知上，而這種覺知的每一個階段、每一個層次，都能增進我們對人生機緣的認識和了解，都能幫助我們以更開闊的胸襟、更妥善的方式，因應日常生活中的種種際遇。「身後世」提供一個最高的角度，讓我們認清生命的歷程：我們身負使命，投生人間，而人生機緣能夠引導我們一步步完成使命、實現憧憬。

如今，我們總算領悟，我們必須敞開心靈，跟內在的神聖能源連結在一起；我們必須破除「控制戲」，拋棄用以操控別人的種種伎倆；我們必須找到屬於自己的真理和訊息，將它傳達給世人。這是促使我們覺醒、面對真正自我的一個過程。說穿了，人生的目的不外乎是：提高心靈覺知，體認我們的靈性本質。

一旦找到屬於自己的真理和使命，很自然地，我們就會找到適合的工作，在社會中找到一個適當的位置。「出生憧憬」提醒我們，自己這一生究竟能夠成就何種事業。這份認知，能夠加速推動我們的心靈成長，幫助我們完成人生使命。

靈魂轉世

在今天的西方文化中，有關靈魂轉世的電影、書籍和學術研究愈來愈普遍，但一般人還是覺得，這樣的概念實在太過離奇、詭祕，叫人難以接受。西方宗教告訴我們，人生只有一次，死後每個人都得面對審判和永生。但是，這種教義似乎和現代學術研究成果及人生經驗相去甚遠。

如今已經有很多實例證明，有些兒童不但心中還存留著另一生的模糊影像，而且，連前世的名字、家鄉和生活細節也都還記得起來。查證的結果，這些事例都已經獲得學術界確認。[85]只消瀏覽一下這方面的文獻資料，你就能找到足夠的證據，證明人的生命不只有一次。紐約市西奈山醫學中心（Mount Sinai Medical Center）精神科前主任布萊恩．魏斯醫生領導一群陣容堅強的醫師和作家，把前世經驗和記憶應用到治療程序中。在《前世今生》一書中，魏斯醫生指出：某些恐懼症、焦慮感和其他一些病症的根源，往往並不在童年時代，而是出自更久遠的一個時期——前生。魏斯醫生認為，在專家指導下，透過打坐沉思，幾乎每個人都能夠記起前世生活經驗。[86]

那麼，靈魂轉世的觀念和知識，又將如何幫助我們提升和擴展心靈覺知？我們知道，這一生中，我們不但要遵循機緣的指引，尋找一份合適的工作，在社會中占有一個恰當的位置，而且，更重要的是，我們必須完成一個更大的使命和任務。而如果我們是肩負使命投生人間，其他人何嘗不是如此。

從這個角度來看，我們在日常生活中遭逢的每一樁機緣、每一個際遇，莫不具有重大的意義和作用。我們得假定，我們的意圖是在最適當的時機遇到最適當的人。可是，萬一這樣的會面出了差錯，那我們該怎麼辦呢？多少次，我們遇到一個素未謀面（甚至從沒聽說過）的人，不知怎地，一看到他，我們就覺得厭惡，可是想來想去就是想不出原因，這究竟是怎麼回事呢？如果我們不能擺脫這種厭惡感——如果我們掉頭而去，不再理睬這個人，後果又會是什麼呢？

難道我們要等到死後做「一生總檢討」時，才能領悟：根據「出生憧憬」，我們前來人間的使命之一，是適時將我們的真理和訊息傳達給這個人，幫助他改變人生方向，展開新生活？難道，我們要等到死後才追悔，當年為了一場前世宿怨，把今生的任務給搞砸了？前世宿怨所導致的厭惡感，我們必須在這一生中，設法盡快消弭，免得留下難以彌補的缺憾。

消弭前世恩怨

我們那一套對付「控制戲」的方法和程序，在這兒可以派上用場。面對一個搬演控制戲的人，我們的因應方法是：把我們的感覺攤在桌面上，當面告訴這個人我們對他的感受——但千萬記住，措辭要婉轉，態度要溫和，而且我們也必須承認自己有可能誤解他、冤枉他。遇到一個面目可憎、讓我們一看就覺得討厭的人，我們不妨使用相同的方法，化解這種沒來由的厭惡。我們可以主動提出要求，跟他好好談一談。我們可以坦然告訴他，我們對他的感覺有點怪怪的，因此想跟他研究一下這種感覺究竟是怎樣形成的、它的根源到底在哪裡。

---

85 史蒂文生，《記得前生的兒童》（維吉尼亞州莎洛特維爾市，一九八七年）I. Stevenson, *Children Who Remember Previous Lives*（Charlottesville, Va.: University Press, 1987）。

86 魏斯，《前世今生》。

記住：信奉老舊物質主義世界觀的人，會把這樣的攀談看成一種無禮、彆扭、甚至愚蠢的行為。因此，在採用這種方法時，我們自己也得克服心理上的障礙。另一個方法是，跟這個人約好改天聚一聚，到時再提這個問題跟他討論。也許，這個人會以為我們在開玩笑，或者他會感到惱怒，覺得受到侮辱；在這種情況下，他可能會拂袖而去，不再理睬我們。

但是，為了保持更高覺知——同時也因為我們心中有數，知道問題究竟出在哪裡，我們必須鍥而不捨，直到事情的真相水落石出。隨著愈來愈多人體認到這個程序的本質和作用，這種形式的攀談和溝通，肯定會變得愈來愈容易。在最理想的狀況下，兩個人聚在一起，探索彼此的感覺；上一輩子共同生活的影像，一幕幕浮現在他們心中，讓他們有機會一睹前世那段宿緣。隨之而來的，當然就是諒解和寬恕了。

魏斯醫生認為，探尋前世記憶的方法，和探索其他神祕超絕經驗的途徑一樣——進入內心。我們可以藉由打坐沉思，祈求上天開示我們，幫助我們探尋情感的根源。我們可以分頭打坐，各自探索內心，但我覺得，一個團隊——兩位當事人，加上一位經驗豐富的指導員，或再加上幾位來自後援團體的志工——的集體能量，能夠大大提高這一類探索的成功率。

我建議，在進行團體打坐時，先和所有成員討論、確認前世經驗是可以追憶的，接著就可以進入沉思冥想的狀態中，之後再討論浮現在每個人心中的影像和記憶。我必須提醒各位：從事這種探索，必須絕對坦誠忠實，切忌對別人心中浮現的影像遽下論斷。

通常，經過一番探索後，大夥兒對兩位當事人在上一輩子的特殊關係，會達成某種程度的共識。兩位當事人中，如果一方或雙方覺得，他們在前世受過對方傷害，那麼，隨之而來的應該就是道歉和寬恕了。宿怨一旦消弭，這兩個人就可以進一步探討，為什麼今生他們又會再度相遇？只是為了解決前世的恩仇嗎？抑或是因為，在人生的這個時刻、這個地點，他們正好有一項特別的訊息要傳達給對方？說不定，他們今生重逢，是為了建立一個新的、更持久的夥伴關係，攜手合作，共同完成上天交付的某一種使命。

此生重聚

至於那些一見面就引起我們好感的人，又是怎麼回事呢？有時遇見一個陌生人，不知怎的，我們總覺得這個人好面熟、好親切。為什麼呢？

每個人都有這種經驗：在街上或其他場合中，忽然有人朝我們瞄過來。我們覺得她很面熟，好像以前見過面，可是一時卻想不起來到底在哪裡見過她。這個女人臉上的表情，給我們的整個感覺，讓我們覺得莫名的親切。才開始交談，我們就發現我倆是「同一國的人」，投緣得不得了，大有相逢恨晚之慨。

容我提醒你，可別讓這場邂逅沖昏了頭。你必須小心翼翼，將這樁經驗的詮釋從性愛的層次提升到崇高的、純粹的靈性境界——尤其當對方是異性時。我們必須擴展自己的覺知，超越虛幻的、相互依賴的男女關係，在這一樁奇妙的機緣中，探尋跟我們人生使命有密切關聯的訊息。

「身後世」訊息對今生的影響

我們已經發覺，對身後世的訊息和知識了解得愈多，就愈能體察自己今生今世的生活意義。我們現在知道，在人生旅程中遭逢的每一樁機緣、遇到的每一個陌生人，都會給我們帶來一項訊息，而這些訊息都具有非比尋常的意義。當初，我們肩負使命投生人間；進入這個世界後，每當我們在機緣指引下來到一個地方、接到一項我們正在期盼的訊息，或適時傳送能量給一個人，提升他的心靈、改善他的生活，這時，我們就會覺得這一切都是命中注定的，因為在內心深處我們還記得，這是我們出生憧憬的一部分。

問題是，我們能不能以一種更有意識、更自覺的態度看待這些機緣。我們現在必須回答這個問題，因為在人生旅程的這個階段，我們正面臨一個緊要關頭——我們馬上就會記起前生來世的一切因緣：身為靈性生命，我們究竟是誰？怎麼會來到這裡？將來打算到哪裡去？

12
展望人類前途

這些年，愈來愈多有關「身後世」的資訊流傳出來，漸漸滲入民眾的心靈。在這種情況下，我相信，我們對人類歷史和命運的認知，終將發生急遽的變化。如果我們每個人，當初都是肩負使命投生人間，那麼，每一個曾經活過的人，當初來到這世界，也都是為了完成某種使命和任務。因此，我們可以這麼說，人世間發生的每一個事件，都具有深刻、崇高的意義和目的。

由於這種新覺知，我們發現，對人間歷史的一個嶄新看法和詮釋，目前正在形成中。我們可以體察到這點，因為我們在這兒所做的，就是追憶地球上曾經發生過的一系列重大事件。

太初之時，轟然一聲，宇宙形成了。那時我們是這個大爆炸的一部分或一個層面。我們居住在第一批星球上，並隨著星球的相互吸引，共同創造出一套基本的能場形態和模式，將它們散播到宇宙各處（譯註：關於宇宙的起源和發展，詳見《聖境預言書》第五章〈來自祕境的訊息〉及《靈界大覺悟》第九章〈追憶人類的未來〉）。

太陽和其他星球組成太陽系、在地球上創造最適合生命生存的環境時，我們的意念便和神的意旨結合在一起。我們是最初的胺基酸，隨後演化成單細胞植物，然後又漸漸演進為動物。我們是破天荒第一遭將氧氣釋放進大氣中的植物。我們出沒在海洋中，最初作為一種多細胞有機體，然後漸漸進化為魚類。我們渴望擺脫水的束縛，於是搖身一變，成為兩棲動物，開始爬行到陸地上。我們是宇宙意識的一部分，隨著它進入爬蟲類和哺乳動物的軀體，最後進駐人類的心靈。

從這兒，故事繼續發展下去。我們的靈魂以無比的耐心熬過一生又一生、一世又一世，直到人類的自我意識開始形成。慢慢地，我們甦醒了，開始察覺到自己生存在地球上早晚會死亡。跟其他動物不同的是，我們必須尋找答案：我們為什麼會出現在這兒？我們的存在究竟有什麼目的？

心靈史觀

就在我們第一次提出這個問題的當兒，人類進化正邁入一個新階段：人類意識開始緩慢、持續地向前推進，追尋人生真相——我們究竟是誰？我們應該怎樣過日子？早期人類創造出一套豐富、多姿多采的神話，試圖解釋我們存在的意義，以及我們為何來到這個世界。然而，從一開始，我們就欠缺能量，於是我們訴諸武力，試圖操縱和宰制別人，奪取他們的能量。

今天，回顧人類的歷史，我們發覺，這樣的一場亂局，其實具有一個進化上的目標：新觀念的傳播。從一開始，人類就感受到一股莫名的欲望和衝動，想要征服全世界，建立大一統，強迫別人接受自己的人生觀。強人於是崛起，贏得其他人的尊敬和服從。在緩慢、持續的統一過程中，這些強人和他們的徒眾征服愈來愈多的土地和民族，把一套新人生哲學強加在被征服者身上——而最終自己也被新霸主征服，被迫接受新的信仰和價值觀。

從「身後世」的觀點來看，在當時的情況下，我們也只能經由征戰傳播新觀念。我相信，透過直覺，我們每個人都能夠體察到，在這漫長的進化過程中，我們曾經投生人間很多次。每回遵循「出生憧憬」的指引來到這世界，我們都會使用各種方法，幫助人類擺脫野蠻的戰爭和暴虐的帝國，引介一種更文明、更理性的方式探尋真理。

傳播這種更高精神真理的工作，最初進展得十分緩慢，因為在早期，我們的「身後世」理想和人世的現實，兩者之間存在著極大的差距。每回投生人間，一出娘胎，我們就得苦苦掙扎，試圖擺脫傳統文化的束縛，找回我們從靈界帶來、準備傳達給世人、如今卻失落在記憶深處的真理和訊息。幸而，漸漸地，地球上開始出現一群又一群的哲人，從事教化工作，啟迪人類的心智。在中東地區，猶太部落創建一套以一神論為基礎的神話體系；久之，單一造物主及父性能源（fatherly source）的概念，漸漸散播開來，遍及西半球各個角落。

在東方世界，類似的認知和觀念也開始形成：宇宙間有一個絕對的智慧或「神格」（Godhead），而我們每個人都跟祂融為一體，密不可分。這個觀念的形成和傳播，使人類價值觀的整合往前跨出一大步。從此，我們不再認為這世上有許多不同的神祇支持著我們相互鬥爭；我們終於體認到，居住在這個地球上的人，本質上都是同一個創造力量的一部分。

體察人類的進化

到了公元前六百年，另一個重大的真理進入了希臘世界：人類應該揚棄野蠻兇暴的手段，透過民主程序展開互動、交往。在一群群有心人的努力奔走下，這個觀念逐漸散播到古羅馬地區。於是，一個革命性的新理念被引介到我們的世界中：人類社會的進化和日常事務，不應該再依賴暴力來推動；相反的，我們應該採用理性的方式和態度去討論、比較各種不同的觀點。從此，人類文化就得以透過良性競爭的方式，穩定、持續地發展和演進。

往後的幾個世紀中，一群高瞻遠矚的思想家，包括老子、佛陀和耶穌，開始探索和釐清人類共享的心靈源頭的本質。耶穌宣稱，天國不在我們身外某個地方，而是在我們內心。這個觀點，或多或少，都被當時正在演化的東方佛教和道教思想，以及西方的基督教，引進它們的哲學體系中，成為當地文化生活不可分割的一部分。

這期間，在進化本能的驅使下，人類組成規模愈來愈大的社會群體。我們的認同和結合，逐漸從小聚落和村莊擴展成更大區域。最後，從西方的文藝復興運動開始，人們重新發現古希臘的民主價值觀，開始強調人性尊嚴和基本人權。許多國家開始以民主制度取代帝王神權。就在風起雲湧的俗世革命中，美國崛起了。它的組成，印證了一個高瞻遠矚卻未完全成熟的國家觀念：每個公民都有權追求他們最深邃的夢想。

在前面幾章，我們已經探討過，科學的創造和發展，是在相同的理想主義精神下進行的。它的任務，是取代當時流行的種種詭譎多變的迷信。然而，科學始終無法對人類的心靈處境提出一個令人們信服的新解釋；失望之餘，我們開始轉移注意力，全心全意追求外在的、以物質為基礎的安全感。

這期間，東方文化繼續探索人類的靈性經驗和內心世界，致力於獲取內在的安全感。東西方之間，觀念的交流持續進行，將西方社會的演化往前推進一大步。

到了二十世紀初期，很多西方人不知不覺地接受「出生憧憬」的指引，開始覺醒過來，面對新的真理和訊息。牛頓的機械式宇宙觀，開始被愛因斯坦和其他量子物理學家的理論所取代。其他有心人也紛紛覺醒，開始採取行動，糾正資本主義所造成的偏差和弊端。於是，在美國，我們打破企業聯盟和壟斷，設置國家公園和森林，反對各種形式的帝國主義，在某種程度上，我們也開始保護世界各地源遠流長、多采多姿的文化傳統。

到了二十世紀中期，愈來愈多西方人開始體認到，以武力建立帝國的行為必須停止；經歷兩次世界大戰、熬過一場漫長的冷戰後，人類終於達成共識：主權國家和民族，其權利、國界必須受到保障。在各方人士努力奔走下，「聯合國」的理想終於變成事實——有史以來第一次，人類的意識大幅度向外擴展、延伸，涵蓋地球上的所有民族。

最近幾十年，我們對人類宇宙的看法開始發生急遽變化。新物理學以能量活動的觀點審視我們的世界，探索宇宙中存在的種種神祕關聯。其他科學開始進入人類心靈，全面探討各式各樣的人生經驗，包括「同步事件」的奧祕、直覺的深度和意念的力量。

由於愈來愈多人把他們的真理和訊息帶進人間，在歷史的這個階段，我們對人類進化的本質和過程，總算有了比較宏觀、全面的認識。在整個人類歷史中，每一世代的人不知不覺遵循「出生憧憬」的指引，積極地將人類的進化往前推進，使得我們愈來愈接近早已存在於「身後世」的心靈覺知。一步一步，我們漸漸覺察到，我們是一群正在地球上致力建立靈性文明的靈性生命。

正視兩極對立

我們正在地球上創造一個靈性文明，這並不意味我們在人間的任務已經完成。在某種程度上，我們目前仍處於過渡時期；在這個「灰色地帶」，舊有的世界觀已經喪失激勵我們的能力，可是代之而起的新觀念和典範，一時間又尚未獲得社會大眾廣泛認同。事實上，最近數十年間，我們目睹的是一場異常激烈的兩極化鬥爭：一派主張改革，一派奮力抗拒改革。在美國，這兩個壁壘分明的陣營把大量能量和精力投入鬥爭中，因為雙方都知道這場衝突的結果，不論誰輸誰贏，肯定會對人類前途產生深遠的影響。

面對這場日益尖銳的對抗——有些人管它叫「文化戰爭」，輿論一直游移在兩個極端之間。一九八〇年代，保守派似乎占了上風，贏得民眾的支持；他們主張回歸傳統價值觀，強調工作、家庭倫理和經濟發展。在他們看來，我們社會今天面臨的各種問題，罪魁禍首就是推行「人類潛能運動」（human potential movement）的那幫人。他們聲稱，在自由派影響下，美國社會出現種種弊端，諸如：政府大舉介入民間事務、預算赤字持續增長、男女之間的角色區隔日益模糊、對罪犯的處置愈來愈寬大、民眾傾向將個人的問題歸咎於社會等等。

自由派則反駁說，政府如果不把數十億美元經費花在補貼企業上，聯邦預算肯定不會出現赤字。他們提出一份清單，指控政府濫用納稅人的血汗錢：花七十五億美元補貼軍火商，鼓勵他們把武器賣到國外；提供十億美元給大企業，如「大陸穀物」（Continental Grain）和「卡吉爾公司」（Gargill, Inc.），作為小麥、玉米和其他農產品的運輸費用；撥出七億美元經費，資助在國有林地作業的木材公司鋪設道路，以低於成本的價格銷售木材。這種靡費可說罄竹難書，不勝枚舉。[87]

---

[87] 伊文斯，〈企業福利面面觀〉，《明尼阿波利斯之星論壇報》，一九九四年十二月一日。M. Ivins, "Long and Short of Corporate Welfare", *Minneapolis Star Tribune*, December 1, 1994。

人類潛能運動人士聲稱，美國今天面臨的種種問題和弊端，追根究柢，都是以往我們過於追求經濟成長所造成的後遺症：環境污染失控、企業倫理淪喪、官商勾結、民眾懵懂無知、貧窮和犯罪形成惡性循環。

最近這陣子，鐘擺又轉向保守派那一方；一九九四年，美國國會落入共和黨手中。民眾相信保守派的那一套說詞：聯邦預算已經失控、社會風氣日益敗壞、犯罪日益猖獗、政府組織和功能應該大幅縮減、個人價值和情操應該獲得更大的肯定和重視。

言猶在耳，民眾卻猛然驚覺，掌握國會多數議席、矢言改革弊政的共和黨，實際的表現卻完全不是那回事。在老百姓眼睜睜注視下，這幫政客的老毛病又犯了——削減預算的同時，卻不惜花費大筆公款補貼大企業，保護財團的利益。他們不把環保當一回事也就罷了，一位共和黨議員——來自德州的殺蟲劑製造商，竟然提出動議，要求廢止「淨水法案」（Clean Water Act）的部分條文，與此同時，愈來愈多民眾卻從媒體的報導獲知，我們的河川和海洋污染日益嚴重，若不及時防治，後果不堪設想。更過分的是，一項宗旨顯然在圖利財團的條文，竟然被附加在一項廣受歡迎的法案上，准許各大木材公司砍伐國家森林中的古樹。

由於這種種倒行逆施的作為，民眾對政客愈來愈反感，對政治愈來愈失望。在這種情況下，鐘擺很自然就會擺回到另一方來。這期間，不知多少民眾陷身在新、舊兩個價值觀之間的灰色地帶，茫茫然無所適從，有些人甚至以狂暴的手段宣泄內心的挫折感。街頭犯罪和家庭暴力無日無之；恐怖分子和反政府的極端主義者在心中籌劃，如何發動一場毀滅性的戰爭。

從某些角度觀看，這些現象是黎明前無可避免的黑暗。但是，我相信，從新心靈覺知的觀點來看，我們的方向是非常明確的。

覺察世界憧憬

正如我們可以進入自己內心、記起「出生憧憬」一樣，我們也能回歸內心深處的智慧源泉，憶起曾經推動人類歷史向前發展的恢宏意念和理想。無論是透過祈禱或打坐，或漫步行走在一個聖潔的、瀰漫著宇宙能量的地方，我們都可以追想起人類共同享有的「世界憧憬」（World Vision），預見到我們正在著手創造的未來人類世界（譯註：關於「世界憧憬」的本質和它在人類進化過程中所發揮的作用，詳見《靈界大覺悟》第九章〈追憶人類的未來〉及第十章〈憧憬美麗新世界〉）。

我相信，內心深處，我們一直都知道這一刻遲早會來臨：那時，我們會把人類進化的目標完整地引進意識中，然後群策群力，共同朝向這個境界邁進。我相信，在我們的「世界憧憬」中，我們看到的第一樁事件是：在歷史的這一個臨界點，一股巨浪正在形成，而發揮推波助瀾作用的，是一群能夠預見人類美好未來的男女。

此外，在憧憬中，我們還能明白目前的第一要務——解決兩極化的意見對立，掃除阻礙人類繼續進化的絆腳石——以及如何確切達成這整項任務。如果從新心靈覺知的角度觀察這個局面，我們會發覺，有些人反對在地球上建立靈性文化，是因為他們內心有一股深沉、莫名的恐懼；但我們也察覺到，更多人反對靈性文化，是出於一種根深柢固的直覺——他們擔心，舊世界觀的許多重要信念和價值，在人類文化轉型期間，極可能會淪喪殆盡。

這些人擔憂，在我們釋放人類潛能的過程中，太多權力會轉移到世界各國的中央集權政府手上，在這種情況下，一些最重要的傳統價值和信念，如個人的進取心、自立能力和責任心，就會漸漸消失。我們必須承認，這些人是遵循其「出生憧憬」的指引，對眼前的社會現象表達他們的關切。因此，為了消弭兩極對立和鬥爭，我們必須體認，雙方各代表一部分真理，而兩者必須開始整合，截長補短，融會貫通。

我相信，一旦新心靈覺知的浪潮開始影響到雙方陣營中的政治勢力，這種整合就會發生。屆時，雙方的智庫、新聞機構和政客本身，都會從一個更高的角度探討這些問題。譬如，我們會以廓然大公的態度審視政府預算。這個問題並不僅僅牽涉到赤字而已；更重要的是，它反映出政府的種種貪瀆行為：假公濟私、逃漏稅、圖利特殊利益團體、漠視民眾權益。

這類問題很快就可以獲得解決，只要政客們洗心革面，幡然悔悟，從此跟特殊利益團體一刀兩斷。只要有一群素孚眾望的政治家（也許是已經退休的）每週召開記者會，以公開指名道姓的方式，揭發特殊利益團體在國會的遊說活動，我相信整個局面會立刻改觀。共和黨必須跟財團劃清界線，不再以納稅人的血汗錢圖利大企業；民主黨應該大力整頓龐雜的、弊病叢生的社會福利制度，削減不必要的補貼，如對有錢的老人提供年金，而只保留合理、公平的社會福利支出。

除了政客，其他人又該做些什麼呢？我相信，數以百萬計的民眾在新心靈覺知運動感召下，正在遵循機緣的指引，進入完成人間使命的精確位置。如今，我們總算找回了失落的「世界憧憬」；現在我們曉得，我們希望人類朝哪個方向進化。英雄們都已各就各位，而這些英雄就是你和我。從今以後，我們會審視自己的職業、辦公室和工作，然後說：這個地方的運作不健全，沒有發揮潛能，實現最高目標。

或者，我們會碰到一個社會問題，心裡想：這不對，應該有人出面干預。在這樣的時刻，我們會記起「世界憧憬」，知道該怎麼做。面對這種情況，應該挺身而出、採取行動的人，就是你。

由於我們了解能量互動和競爭的模式，因此一旦出面干預，應該不會遇到太強烈的抗拒和敵意。有時，出乎意料之外，我們會發覺有個人正巧出現在那兒協助我們解決問題，剎那間，我們說不定還會憶起，在投胎人世之前，我們就曾和對方聚在一塊，計畫要在未來的此刻，共同改善某個狀況或制度。

就這樣，我們每個人都能追憶起出生前看到的「世界憧憬」：在人類歷史的這個臨界點，世界各地會有成千上萬男女挺身而出，採取行動，形成一股沛然莫之能禦的改革浪潮，席捲整個地球。

扶弱濟貧，消除饑饉

融合兩個重大的真理和訊息，能使我們扶弱濟貧、消除饑饉的運動進展得更為順利，從而取得更大的成果。

舊世界觀的奉行者，長久以來一直倡言，這些問題的解決不能依靠那些缺乏想像力、只會照章行事的官僚。在他們看來，這類的介入和干預，只會使窮人更加仰賴政府的救濟和施捨。然而，諷刺的是，這個論點往往會變成一種藉口，為這些人的冷漠提供一個正當化的理由。

如今，我們應該承認，至少在強調「個人責任」這一點上，舊世界觀奉行者的看法是正確的，但我們也必須指出，推行人類潛能運動的那些人，他們的直覺也是正確的——我們一定可以找到方法幫助窮人。我相信，在我們的「世界憧憬」指引下，我們現在總算知道該怎麼做了。

打破惡性循環、徹底消除家庭貧窮之道，在於個人自動自發的介入。政府和各種救濟方案，充其量只能為貧困家庭提供一個「安全網」，讓他們不致挨餓受凍。在新心靈覺知的感召下，今後肯定會有愈來愈多民間人士挺身而出，自願投入濟貧運動。義工團體，如「大哥哥」（Big Brothers）和「大姊姊」（Big Sisters），以及其他以消除全球饑饉為宗旨的組織，肯定會愈來愈壯大，但我認為，真正能夠發揮義工精神的是街坊鄰里——只要對社區中一個貧困家庭伸出援手、跟一個孤苦無依的小孩建立情誼，也許你就能夠改變他們的命運。如今，有愈來愈多人體察到這個真理和訊息。波斯灣戰爭英雄鮑威爾（Colin Powell）將軍和兩位前任美國總統近來倡導的志願服務，都只是一個開端而已。[88]

在世界任何地方，貧窮的形成總不脫幾個因素：恐懼、欠缺良好教育、未能掌握機會。隨著愈來愈多人覺醒，在機緣指引下挺身而出，介入貧苦人家的生活，打破他們那種自暴自棄、愈陷愈深的生存模式，這個問題應該能夠獲得解決。

透過積極的互動和交往，我們可以建立一套追求人生目標的新典範，讓貧窮家庭的成員有所依從。

切記：在這個能量交流、聲氣相通的宇宙中，我們擁有溝通心靈、分享訊息的潛能，因此，最近興起的新心靈覺知，肯定會像傳染病一般四下蔓延開來。掌握人生機緣、和內在神聖能源保持連結、破除舊有和重複的行為模式、擺脫舊世界觀的束縛、邁向美好的未來——這一切都會發生在我們每個人身上，不管我們是窮人還是富人，只要我們覺醒。

---

[88] 波耶特，〈高峰會議指向人類美好的未來〉，《奧蘭多守望報》，一九九七年四月二十七日。D. Boyett, "Summit May Point toward Better Future", *Orlando Sentinel*, April 27, 1997.

預防犯罪

犯罪問題處理起來比較棘手，但如果我們能夠融合兩種信念和觀點，擬出一套新的因應方案，這個問題終究可以獲得解決。四十年前，在美國，街頭犯罪是絕對不被允許的。遊民一被逮到，就只好蹲進牢裡，那時的警察，權力可大著哪！直到民權人士挺身而出，大聲疾呼，當局才開始改革監獄體系，以比較符合憲法精神的方式對待受刑人。然而，舊世界觀的信徒卻認為，過去三十年來，我們太過重視被告的權利、太過強調犯罪的社會因素和復健的重要性，以致危害了執法的效率，導致犯罪遽增，人心惶惶。

如今，我們必須承認，這種看法有一部分是正確的。有關當局強調犯罪的社會因素，確實降低了執法的標準；面對堆積如山的刑案和過度擁擠的監牢，法官往往會大發慈悲，盡早讓罪犯假釋出獄。街頭流傳一個訊息：犯罪——不論是誰犯下的，白領階級也好，其他階層的人也罷——實在沒什麼大不了，頂多在牢裡蹲個幾天就出來了。一如最近美國幾個大城市所採取的強硬措施所顯示的，我們現在終於醒悟，要有效打擊犯罪，必須採用「軟硬兼施」的手段。我們必須嚴正宣示：暴力和犯罪是不被社會允許的。

然而，光靠鐵腕，並不能徹底解決犯罪問題。這兒，我們必須採納「人類潛能運動」人士的觀點。最近比較成功的幾個預防犯罪方案，全都是結合兩派觀念的成果：堅定的執法立場，配合社區巡防制度——警察長期駐守社區，和居民共同生活，了解每個家庭的狀況和面臨的問題，從而預防犯罪發生。[89]

執法機關採取的新措施只是一個開端。若想徹底解決問題，我們需要更多人挺身而出，遵循機緣的指引，及時阻止犯罪發生。光靠疲於奔命、勞累不堪的警察，是不能解決問題的。不論是預謀或臨時起意，在大部分犯罪事件中，總會有人知道事情即將發生，這個時候，這個人就應該出面干預，採取行動。當然，介入這種事情的當兒，你必須小心翼翼，確保自身的安全，必要時通知警察或其他專業人員前來協助。不過，通常，你只需勸解一番，安撫雙方的情緒，一場可能會造成悲慘後果的紛爭，自然會消弭於無形。這一切都得隨緣，而我相信，愈來愈多人會響應這個神聖的號召，貢獻一己之力。

保護環境

我們可以使用相同的步驟和方法，解決全球的環境污染問題。一波又一波男女終將覺醒，在「世界憧憬」感召下挺身而出，採取必要的行動。

每一年，數以噸計的有毒化學物質被隨意棄置在我們的環境中，把水源和空氣弄得

[89] 波爾斯，〈市政府推動社區守望相助〉，《洛杉磯時報》，一九九五年一月十七日。M. F. Pols, "City Officials Encourage Efforts for Community Based Policing", *Los Angeles Times*, January 17, 1995。

污穢不堪。情況愈來愈嚴重。更糟的是，業界不斷推出新化學藥品，在幾乎毫無管制的情況下將它引進生物圈，當作殺蟲藥或除草劑，噴灑在全世界的農田中，污染了我們的糧食。[90]

情況已經糟到連「美國醫學會」（American Medical Association）都不得不公開提出警告：懷孕的婦女和剛出生的嬰兒，不應該食用在美國大規模生產的蔬菜。[91]最近崛起的一位全國性醫療事務發言人安德魯．魏爾（Andrew Weil）醫生勸告民眾，不要食用貝類和海洋深水魚，因為牠們體內含有太多有毒化學物質；他更進一步建議消費者，只購買用有機肥料栽培的糧食。他提醒民眾，許多未曾接受充分檢驗和測試的化學物質，一旦混合在一起，毒性就會增強到令人無法想像的程度。[92]生活在癌症罹患率不明原因持續升高的世界，這是我們唯一能採取的行動。

環境的污染，尤其是非法傾倒工業廢料和濫用未經檢測的化學物質，通常是在少數官僚縱容下偷偷進行的。隨著新心靈覺知的浪潮一波波湧進社會，喚醒愈來愈多民眾，這幫人的鬼祟行為，肯定會受到愈來愈嚴密的監視。製造污染的人，隨時都會被揪出來。譬如，非法傾倒工業廢料，通常是在海邊、河中或下水道這些特定地點進行。隨著愈來愈多民眾覺醒，在機緣指引下，人們會自動自發，開始守護地球上的每一寸海岸線和每一條河川。半夜三更，如果有不肖之徒摸黑跑到海濱或河邊，偷偷傾倒有毒廢料，總有人會遵循直覺和機緣的指引，守在那兒，把他們揪出來。就這樣，一群一群覺醒的民眾隨身攜帶攝影機，不分晝夜，逡巡在污染源附近，隨時揭發這幫人的罪行，迫使當局正視環境污染的問題。

拯救森林

人類對地球犯下的種種罪行中，最可惡、最悲慘的，要算是濫墾林地了。單從環境觀點來看，只要想到森林每天為我們的世界製造多少氧氣，我們就會為目前的情況感到痛心。然而破壞森林的代價並不止於此。人類不斷遷居到水泥構造的城市和郊區，跟大自然的神奇能量切斷了關係。美國的情況尤其嚴重。在這個國家，廣大的原野地區正一步一步淪陷在商人和官僚手中。

大多數美國民眾並不知道，政府利用納稅人的錢，補貼木材和礦業公司，讓他們在公有土地上大肆砍伐森林，掠奪資源。聯邦森林管理局（Forest Service）不但利用公款，修建道路通往美國碩果僅存的一些原野地區，以這種方式變相補貼財雄勢大的跨國公司，而且更以低於市場的價格，把採礦權和伐木權賣給這些公司。而木材公司竟然在媒體上大登廣告，聲稱砍伐木材是管理和保護森林的必要手段，並且辯稱，他們每年栽種的樹木比砍伐的還要多。然而，事實是：他們把古老的、蘊含各種生物和豐沛能量的

---

90 霍肯，《工商生態學》（紐約，一九九三年）P. Hawken, *The Ecology of Commerce*（New York: HarperBusiness, 1993）。

91 吉伯特，〈美國因應殺蟲劑危機〉，《紐約時報》，一九八九年十月八日。S. Gilbert, "America Tackles the Pesticide Crisis", *New York Times*, October 8, 1989。

92 魏爾，《最佳健康》（紐約，一九九七年）A. Weil, *Optimum Health*（New York: Knopf, 1997）。

壯闊森林砍伐一空，然後在光禿禿的土地上栽種一排排瘦瘠瘠的松樹。他們創造的是一座農場，並不是一座森林。更令人不齒的是，這些公司砍伐的木材，往往比政府標售給他們的多得多，而他們居然還賴債，拒絕繳交當初標下的金額。[93]退休的聯邦森林管理局官員，經常被他們以前監督的公司雇用，坐領高薪，難怪政府部門會對這些作為睜一隻眼閉一隻眼。

幸好，我們現在已經看清了美國政府中存在的這種官商勾結、圖利財團的勾當。我們有信心，只要民眾覺醒，挺身而出，公開譴責這種貪瀆行為，聲援改革團體，支持相關立法，這個問題肯定會獲得解決。只要有足夠的民眾察覺到官僚們的顢頇貪污，官員就會開始檢點自己的行為，不敢再公然勾結不法商人。

戰爭和恐怖活動

我們世界面對的另一個問題——地區性的戰爭和恐怖活動，又該怎麼處理呢？我們發現，在波士尼亞和其他「熱點」，綿延數代的紛爭和衝突，往往是宗教和種族仇恨造成的，而這種衝突之所以無法消弭，通常是因為有一小撮人，基於內心的恐懼和疏離感，總是在那兒搧風點火。這幫人想透過他們對戰爭的迷戀，擺脫內心對死亡的焦慮，從而賦予他們的生命些許意義和目標。世界其他地區的恐怖活動，本質上和波士尼亞戰爭並沒什麼不同，同樣是一種集體、偏執、走火入魔的行為。

在我們的「世界憧憬」中，我們可以看到，興起中的新心靈覺知運動遲早會影響到這些人。在機緣指引下，受上天感召的人們，終將接觸到這類恐怖組織和暴力分離主義團體的外圍分子，然後，漸漸地，更高層次的能量會影響這群外圍分子，使他們覺悟自己的天賦使命是幫助團體中的核心分子覺醒，終止他們那毫無意義的暴力行為。

促使文化轉變

我們的「世界憧憬」，作用不僅僅是鼓勵我們挺身而出、介入世界所面臨的各種問題。隨著愈來愈多男女覺醒，在日常生活中落實新意識，人生每個層面的活動終將受到衝擊。一旦我們將「什一稅」引進現有的經濟體系，以彌補傳統商業活動的缺失，全世界的經濟就會開始發生蛻變。中小企業會率先採取行動，改變他們的決策方式和過程，以提高效率、增加產能、落實新經濟精神。

資本主義已經被證明為人類有史以來最可行的經濟制度，為什麼呢？因為它的整體目標是創造人類的需求、滿足人類的需求。而且，更重要的是，它能夠讓新資訊和新科技不斷注入經濟體制，而這些新知識都將被轉化成更有效率、更具產能的生產方式，隨

---

93 希禮，〈環保投資的收益〉，《印地安納波利斯星報》，一九九六年十月六日。T. P. Healy, "Dividends Reaped from Investing inEnvironment", *Indianapolis Star*, October 6, 1996。

時因應民眾的意識和需求而調整。簡言之，資本主義本身會不斷地進化。

一旦民眾開始迷信那些利用人們不安全感促銷商品的不實廣告，一旦市場的運作不再能保障消費者的權益，維護我們的生存環境，資本主義的缺失和弊端就會開始顯現。理想上，這些問題都可以解決，只要企業界人士調整經營方針，不再以營利為唯一目的，轉而以滿足民眾真正的、精神上的需求為目標。我相信我們現在可以看到，美國的企業界正在朝這個方向發展、演進。在新心靈覺知影響下，愈來愈多企業界人士挺身而出，為經濟體制的改進及人類美好的未來貢獻一己之力。

這場大轉變發生時，正逢企業倫理跌到谷底，生意人都在盲目追求暴利。幸而民眾目睹商場上的這一片亂象，震驚之餘，開始要求經濟改革。公眾輿論會迫使企業鐘擺轉向另一邊；重視環保、滿足消費者精神需求的公司終將贏得民眾好感和支持。隨著愈來愈多民眾覺察到人類進化的方向，企業界會重新以長遠的眼光擬定經營方針。

「有計畫的作廢」（planned obsolescence）——意指某些廠商刻意設計、製造使用一段時日就會損壞的產品——將被另一種企業倫理所取代：盡可能以最低成本，生產能使用一輩子的商品。畢竟，人類的進化是朝向新經濟體制發展，屆時生活必需品的生產將全面自動化，免費提供民眾；這麼一來，我們的生活重心就會轉移到心靈訊息的交流上。

當然，一如前文指出的，要實現這個目標，我們必須找到一種價格低廉、可以重複使用的新能源，以及便宜耐用的新材料。根據許多科學家的看法，「低溫核融合」這項新技術即將實驗完成，不久就可以派上用場。這項新發現雖然在學術界引起激烈爭議（它的運作方式似乎違背傳統物理學原則），但直覺告訴我們，總有一天，我們會找到一種源源不絕、生生不息的新能源。

那些生產和銷售石油、天然氣的大公司，當然會用盡一切力量阻止這一天的到來，但是，新心靈覺知的浪潮是誰也阻擋不了的。科學家終將醒悟，從事這樣的科學研究，他們的生命才有意義、才有目標，而已經覺醒的記者們，會趕在資訊被封鎖之前，將它傳播到社會各個角落。

各行各業的覺醒

我們的「世界憧憬」顯示，人類社會的各行各業都會開始轉變。在許多行業和領域中，我們已經看到許多改革團體紛紛成立，以維護職業倫理。例如，在醫療界，我們看到許多由開業醫師組成的協會致力於疾病的預防，而非只是被動地以藥物（或不必要的外科手術）治療疾病。[94]

[94] 美國北卡羅萊納州雷里市（Raleigh）「美國整體醫療協會」（American Holistic Medical Association）、西雅圖「美國自然療法醫師協會」（American Association of Naturopathic Physicians）、加拿大安大略省伊托畢科克市（Etobicoke）「加拿大自然療法協會」（Canadian Naturopathic Association）、美國俄勒岡州波特蘭市「人智醫學醫師協會」（Physicians' Association for Anthroposophical Medicine）、紐約州康格斯市（Congers）「威勒達會社」（Weleda, Inc.）、加州雪曼橡園（Sherman Oaks）「世界研究基金會」（World Research Foundation）。

法律界也在進行類似的改革。律師的職責本來應該是調解糾紛、創造「雙贏」局面，但大多數民眾的感覺卻正好相反。

在他們印象中，律師總喜歡搧風點火，鼓勵當事人上法庭打官司，盡力阻止兩造和解——目的只不過為了多賺幾文律師費。在美國，最讓民眾瞧不起的行業就是律師。幸而，有一些律師已經覺醒，組成各種團體和協會，致力於改革這些陋規，提升這一行的職業道德和行為標準。[95]

同樣的，其他行業也會開始改變作風。會計師將以良師益友的身分，教導客戶如何以更有效率的方式處理金錢。大小農莊都會開始生產有機食物，使土壤得以保持，農作物所含的維生素和礦物質提高，而且不受任何殘留的殺蟲劑污染。餐館只提供高能量、高營養、零污染的食物。從事新聞工作的人，會開始唾棄「煽色腥」（sensationalism）的作風，轉而追求精神理想、探尋事情真相。為了彌補以往的過失，建築、營造公司洗心革面，開始保存、維護地球上碩果僅存的原野，在已經被砍伐一空的林地重新栽種樹木。每個人都希望能夠與自然原野為鄰，天天浸沐在豐沛、清純的能量中；大家都希望城市的商業區周邊，出現更多蒼翠的公園和幽靜的人行步道。總有一天，我們社會的每個機構、每種行業都會覺醒，朝向各自領域的最高境界發展，提供民眾最好的服務，把新心靈覺知的真諦落實在日常生活中。

融合陰陽兩界

「世界憧憬」向我們顯示：在未來的日子裡，人類將繼續提升個人的能量。企業界的經營理念和方針不斷演化，我們在職場扮演的角色跟著轉變，在這過程中，我們遵循機緣的指引，讓身心充滿層級愈來愈高的靈思和能量。

隨著愈來愈多人提升能量、達到新文化預期的層次，人類的壽命會大幅延長。為了穩定世界人口，受上天感召的夫妻們決定不生小孩，以便領養世界各地的孤兒。

久之，人類日用必需品的生產終將全面自動化，被砍伐一空的森林，又會生長出茂密的樹木；被人類占用的土地，大部分又會回歸大自然。那時，我們將居住在堅固耐久、能源充足的房屋裡。

人類一旦進化到這個層次，我們的人生使命將轉變為促使心靈成長，提高自身的能量。每當我們在林間小徑或溪畔的老橡樹下遇見陌生人時，就更能感受到人生機緣的奇妙。這種充滿意義的邂逅，總是發生在最適當的時刻，讓我們的生命繼續向前推展，達到更高的能量層級。

95 加拿大「美洲人智學會」（Anthroposophical Society in America）、紐約州栗子山（Chestnut Ridge）「展望會社」（Envision Associates）、費城「ＡＤＲ抉擇」（ADR Options）、加州恩奇尼達斯市（Encinitas）「全美仲裁中心」（Coast to Coast Mediation Center）。

同時，我們和天使以及已經過世、如今棲息在「身後世」境界的親友之間的接觸，會變得愈來愈頻繁，直到目前正在進展的趨勢大功告成。[96]在我們心目中，死亡只不過是一個過渡；經由死亡，我們進入一個愈來愈熟悉、不再讓我們感到陰森可怖的世界。到頭來，隨著我們身體的量子能量模式（quantum energy patterns）提升到愈來愈高的層次，我們會發現自己變成一個純粹的精神形式。這時，我們依舊佇立在原來的地方——溪畔那株老橡樹下，但我們會看到我們身體的本相：純粹的光。

最後，我相信，在「世界憧憬」照耀下，我們會看到人類在地球上生命歷程的終極目標。身為神聖意識的一部分，我們來到這兒，將「身後世」的心靈意識一步步顯現在人世間。從太初之時宇宙的大爆炸，到複雜的有機原子和分子開始出現在世界上；從單細胞植物和動物，演進到人類——漫漫長路，我們一直在進化中。透過世世代代的努力，經由無數勇敢的男女所傳播的真理和訊息，我們緩慢、持續地將我們原本知曉、卻在投生人間時遺忘的覺知尋覓回來，落實在日常生活中。

人生在世，我們的最大目標，是把自身能量提升到可以讓我們活著走進「身後世」。如此一來，陰陽兩界就能夠融為一體。有趣的是，到時候我們會發覺，天使和其他神靈一直待在人間，守護在我們身旁，只是我們的肉眼看不見他們。在人生旅途上，天使一路扶持我們，引領我們來到覺知的最高境界，讓我們揭開面紗，一睹宇宙的真面目。

堅守理想，憧憬未來

在二十世紀最後這些日子，我們望望周遭、看看這個世界，發覺自己還沒有實現人生使命和目標。對很多讀者來說，這本書實在太過理想化，甚至有點荒誕不經。舊有的世俗宇宙觀，依舊影響我們對世界和人生的看法。它把我們禁閉在一個幻覺中，哄騙我們說，這麼神奇的事情是絕對不可能發生的。在它蠱惑下，我們沉溺在懷疑主義所提供的虛假安全感中，不克自拔。

因此，我們目前面對的挑戰，是要落實新心靈覺知，保持信念和信心。上文中，我們已經看到，人類文明之所以能夠不斷發展，日新又新，就是因為有一群人不怕打壓，克服重重障礙和阻撓，將人類歷史往前推動，然而今天，我們卻發現自己站在十字路口，茫然不知所措。未來這些年，科學家會重新界定宇宙的本質，重新詮釋我們跟宇宙的關係。我相信，到時候他們會很驚訝地發現，原來，人類擁有無窮無盡的創造潛能。

本質上，我們每個人都是一個有意識的能場；信念和意圖一旦從我們心靈放射出來，就會傳送到人群、甚至宇宙中——就是這個宇宙賦予我們一個我們所想像的未來。隨著我們對這項能力的覺知日益提升，我們的能量也會持續增加，而我們做出的道德抉

---

96 古根漢，《來自天堂的招呼》（紐約，一九九五年）B. and J. Guggenheim, *Hello from Heaven*（New York: Bantam, 1995）。

擇也就更有分量。

在未來的世界，我們幾乎能夠實現自我所夢想的任何事情，因此，心中有所冀求時，我們應該格外謹慎小心。我們必須時時反躬自省，察考我們的心靈和思維，因為負面、消極的念頭和意象，就如同流彈一般，會四下流竄，傷及無辜。幸而，歷史上所有偉大的神祕家，以及我們西方世界最神聖的經典，都一直提醒我們：進入自己的內心，汲取最高的智慧，遵循它的指引，繼續未了的人生旅程。我們每個人都必須從自己的記憶深處——而不是從某種恐懼心理中——尋回出生時遺落的「世界憧憬」。

一旦找回失落的憧憬，我們的人生就能夠邁入一個嶄新的階段。在追求人生目標、實現各自使命的過程中，這個憧憬不但賦予我們勇氣和信心，而且會指引我們攀登新心靈覺知的最高峰。在那兒，它會變成一塊基石，讓我們站穩腳跟，做我們該做的事。而我們該做的，就是堅守內心的這份憧憬，將它落實在日常生活中。

出門之前，我們必須先找一個合適的、能夠讓我們實踐心靈信念的空間。信仰的力量可不是虛幻的，每個意念都是一場祈禱。如果每一天、每一分鐘，新心靈覺知的憧憬都存留在我們的內心中，奇妙的機緣就會在我們跟世界互動的當兒，加速顯現在每個人眼前，而我們憑著直覺體認到的人類命運，就會變成事實。

銘謝

太多人引導《聖境新世界》的構思和寫作，我無法在此一一致謝。但我必須提到下面幾位女士先生：運籌帷幄、為本書的出版耗盡心血的約翰·戴蒙德（John Diamond）和貝佛莉·康荷（Bevery Camhe）；孜孜不倦協助我蒐集、查核資料的約翰·溫斯洛普·奧斯汀（John Winthrop Austin）；細心編輯和校訂本書的克萊兒·齊昂（Claire Zion）；一路陪我走來、無怨無悔的莎莉·梅瑞爾·雷德非（Salle Merrill Redfield）。我尤其要感謝人類歷史上無數勇敢的靈魂——他們帶給人間的真理和訊息促使我們覺醒。

國家圖書館出版品預行編目（CIP）資料

聖境新世界：體現生命願景的奧秘覺知／詹姆士・雷德非（James Redfield）著；李永平譯 . -- 三版 . -- 臺北市：遠流 , 2019.03
面；　公分
譯自：The celestine vision
ISBN 978-957-32-8478-9（平裝）

1. 靈修 2. 生活指導 3. 自我實現

192.1　　108002045

聖境之書 4

聖境新世界

體現生命願景的奧秘覺知

作者／詹姆士・雷德非（James Redfield）
譯者／李永平

主編／林孜懃
特約校對／呂佳真
編輯協力／陳嬿守
封面設計／謝佳穎
行銷企劃／鍾曼靈
出版一部總編輯暨總監／王明雪

發行人／王榮文
出版發行／遠流出版事業股份有限公司
臺北市 100 南昌路 2 段 81 號 6 樓
電話／（02）23926899 傳真／（02）23926658 郵撥／ 0189456-1
著作權顧問／蕭雄淋律師
1999 年 08 月 01 日　初版一刷
2011 年 11 月 01 日　二版一刷
2019 年 03 月 01 日　三版一刷

定價／新臺幣 320 元（缺頁或破損的書，請寄回更換）

ISBN 978-957-32-8478-9

遠流博識網 http://www.ylib.com E-mail: ylib@ylib.com
遠流粉絲團 https://www.facebook.com/ylibfans